GOLDMANN

Buch

Signe Hammer war neun Jahre alt, als ihre Mutter sie eines Abends zu Bett brachte, sie kurz in die Arme schloß – und dann in die Küche ging, um sich mit Gas das Leben zu nehmen. Die Mutter hatte ihren Selbstmord von langer Hand und sehr präzise vorbereitet; doch sie konnte nicht verhindern, daß ausgerechnet ihre Kinder sie fanden.
Die kleine Signe konnte dieses erschütternde Erlebnis nicht begreifen und stellte ihrem Vater und ihren Angehörigen eine Menge wichtiger Fragen, die ihr jedoch niemand beantworten wollte. So entstand in ihr der Eindruck, sie sei in irgendeiner mysteriösen Weise schuld am Tod ihrer Mutter. Schließlich schwieg sie. Erst als Signe zur jungen Frau herangewachsen war, wurde der Drang in ihr unwiderstehlich, alles über die geheimnisvollen Umstände aufzudecken, die ihre Mutter in den Tod getrieben hatten. Und mit der Erkenntnis der Zusammenhänge konnte sie endlich mit ihrem Schicksal Frieden schließen, zu ihrer eigenen Identität finden und die belastete Beziehung zu ihrem Vater in einem neuen Licht betrachten.

Autorin

Signe Hammer hat in den Vereinigten Staaten bereits drei Sachbücher über das empfindliche Beziehungsgeflecht innerhalb von Familien verfaßt und sich dabei schwerpunktmäßig mit der Vater-Tochter- und Mutter-Tochter-Bindung auseinandergesetzt. Außerdem schreibt sie seit Jahren vieldiskutierte Artikel in so renommierten Zeitschriften wie *Haper's Bazaar, Ms.* und *The Village Voice.*
Signe Hammer lebt heute in New York.

SIGNE HAMMER

Wir hätten dich doch so gebraucht!

Aus dem Amerikanischen
von Sonja Hauser

GOLDMANN VERLAG

Deutsche Erstveröffentlichung

Die Originalausgabe erschien unter dem Titel
»By Her Own Hand. Memoirs of a Suicide's Daughter«
bei Soho Press Inc., New York.

Umwelthinweis:
Alle bedruckten Materialien dieses Taschenbuches
sind chlorfrei und umweltfreundlich.
Das Papier enthält Recycling-Anteile.

Der Goldmann Verlag
ist ein Unternehmen der Verlagsgruppe Bertelsmann

Umschlaggestaltung: Design Team München
Umschlagfoto: aus dem Privatarchiv der Autorin
Satz: IBV Satz- und Datentechnik GmbH, Berlin
Druck: Presse-Druck Augsburg
Verlagsnummer: 12416
Lektorat: Silvia Kuttny
Redaktion: Ilse Wagner
Herstellung: Heidrun Nawrot
Made in Germany
ISBN 3-442-12416-6

10 9 8 7 6 5 4 3 2

Für Dr. Majorie Taggart White
in Liebe und Dankbarkeit.

1. Kapitel

Die Küche

Ich bin noch ziemlich klein und gehe zum erstenmal ins Theater. Mary Poppins ist mit den Banks-Kindern zu Besuch bei Freunden, und während sie auf der spätviktorianischen Bank sitzen, erhebt sich diese langsam zur Decke. Die Banks-Kinder bekommen große Augen, ich bekomme große Augen, die Aufführung ist ein Bombenerfolg. Und die Kinder auf der Bühne essen echten Früchtekuchen.

Ich weiß, daß der Früchtekuchen echt ist, weil wir nach der Vorstellung auf die Bühne gehen und ich mir die Sachen ganz genau anschaue. Mir drängt sich sofort die Vorstellung von einem Leben auf der Bühne auf, von einem Leben, wo jeder mich sehen, ich selbst aber Distanz wahren könnte. Von einem magischen Raum, wo ich magische Dinge vollbringen könnte, zum Beispiel fliegen. Und dennoch könnte ich auch echten Früchtekuchen essen. Bei der Vorstellung wird mir ganz schwindelig.

Zu Hause fange ich sofort an, Bilder zu Stücken zu zeichnen, die ich an meinen kleinen, roten Schubkarren hänge und mir betrachte wie eine Diashow. Sobald ich schreiben lerne, verfasse ich Stücke für Schulaufführungen und werde ein Bühnenstar. Plötzlich kann ich Orte, Zeit, meine Familiensituation, mein Alter und mein Geschlecht verändern, wie es mir beliebt.

Als ich neun Jahre alt war, geschah jedoch eine einschneidende Änderung in meinem Leben. Im Frühjahr 1950 kurz vor Ostern, der Auferstehung Christi, entschied sich meine Mutter, einen anderen Weg zu gehen. Sie beging Selbstmord.

Ihre Methode war einfach und wirkungsvoll. Eines Nachts, als mein Vater nicht zu Hause und wir Kinder bereits im Bett waren, stellte sie das Bügelbrett vor dem offenen Ofen auf, schaltete das

Gas an, legte sich auf das Bügelbrett und wartete darauf, daß das Gas seine Wirkung tun würde.

Ich weiß nicht, wie sie auf das Bügelbrett hinaufgekommen ist; sie war über einsachtzig groß, das wußte ich von einem Foto, auf dem sie vor einer Meßlatte steht. Vermutlich wurde das Bild damals für einen Armeeausweis gemacht. An das Bügelbrett erinnere ich mich eigentlich nicht mehr – einer meiner Brüder hat mir davon erzählt, in der einzigen Unterhaltung, die wir je über den Tod meiner Mutter geführt haben. Wir waren damals bereits erwachsen, und er hatte etwas getrunken, also vermute ich, daß er mir die Wahrheit gesagt hat.

Irgendwann, nachdem sie sich hingelegt hatte, vermutlich nach ihrem Tod, kam es zu einer Explosion. Offenbar hatte sie vergessen, den Kühlschrank auszuschalten, und ein Funken entzündete das Gas. Oder gehörte das mit zu ihrem Plan – das Gas loszuwerden, damit niemand Schaden nahm, wenn er sie fand?

Sie hatte mich nicht mitnehmen wollen. Mein kleines, hohes Zimmer befand sich direkt über der Küche, in dem hinteren Bereich des Hauses. Im Boden eingelassen war ein altmodisches Eisengitter, damit die warme Luft von der Küche in mein Zimmer steigen konnte. Meine Eltern hatten dieses Gitter zugedeckt, weil ich nicht schlafen konnte, wenn unten Leute mit dem Geschirr herumklapperten oder sich stritten. Aber offenbar wollte sie sichergehen. Deshalb fragte sie mich, sobald es Zeit war zum Schlafengehen, ob ich nicht zur Feier des Tages im Gästezimmer gleich neben dem elterlichen Schlafzimmer im vorderen Bereich des Hauses schlafen wolle. Sie wußte, daß ich ja sagen würde. Ich haßte mein Zimmer, das so weit von allen anderen entfernt war. Meine drei Brüder schliefen in nebeneinanderliegenden Zimmern im zweiten Stock, die wir den »Jungenschlafsaal« nannten. Es war schon ein paar Jahre her, daß mich meine Isolation so sehr ängstigte, daß ich mich über das dunkle Treppenhaus in die Sicherheit des elterlichen Bettes flüchtete, aber ich schlief noch immer gerne im Gästezimmer. Dann hatte ich das Gefühl, auch dazuzugehören.

Als sie an jenem Abend kam, um mir gute Nacht zu sagen, nahm sie mich lange und fest in die Arme, legte sie mir um die Schultern und drückte mich an sich. Sie hielt mich fest, als wolle sie dieses Gefühl ein für allemal bewahren. Als sie wieder nach unten ging, ließ sie die Tür ein paar Zentimeter weit offen, damit ich das Licht vom Flur sehen konnte.

Die Explosion riß mich aus meinen Träumen. Ich wachte auf und hörte meine Brüder die hintere Treppe hinunterpoltern. Mit großen Augen lief ich hinüber ins Nachbarzimmer und sah, daß das Bett noch unberührt war wie am Tag. Ich wußte, hier stimmte etwas nicht, und folgte meinen Brüdern hinunter in die Küche.

Erik stand draußen in der Auffahrt und brüllte »Feuer!«. Dabei kippte ihm die Stimme vor Angst. Hal war in der Küche, über meine Mutter gebeugt, und fühlte ihr den Puls. Sie trug ihre alte braune Haushose und einen braunen Pullover.

Ich machte ein paar zögernde Schritte in die Küche, über Ascheflocken, die ehemals Farbe gewesen und nun von den Schränken und der Decke heruntergebrannt waren. Mir fiel eine kleine, blaue Flamme auf, die sich ihren Weg quer über die hölzerne Arbeitsfläche bahnte. Das war vermutlich der Augenblick, wo mir klar wurde, daß meine Mutter tot war, denn ich blieb alleingelassen an der Tür stehen, unfähig, mich zu bewegen.

Eine Leiche ist wie ein schwarzes Loch im Raum; sie saugt alles auf und gibt nichts mehr zurück. Man kann den Blick nicht davon lösen, denn man kann einfach nicht glauben, daß sie sich nicht doch noch bewegt. Aber die Leiche verweigert sich; sie ist einfach abwesend.

Ich hatte schon einmal Bekanntschaft mit dem Tod gemacht. Das war bei einer Katze gewesen, die auf ihrem üblichen Platz zusammengerollt auf einem Teppich am Fuße der Kellertreppe lag. Auch sie wirkte steif und eckig; der Körper der Katze war noch immer da, aber das, was sie zur Katze gemacht hatte, war verschwunden. Fast sah sie aus wie ein alter Staublappen, den man ausgewaschen, ausgewrungen und dann trocknen hatte lassen zu einem steifen Stück Stoff. Das konnte mir ebenfalls passieren, jederzeit.

Wir begruben die Katze in einer Pappschachtel in der Erde neben den Grundmauern der Küche, wo meine Mutter ein paar Buchsbaumhecken angepflanzt hatte. Hinterher hatte ich das Gefühl, von mir selbst getrennt worden zu sein. Der Tod der Katze war so etwas wie ein Kurzschluß in dem kleinen Körper des Tieres, er beendete das Schnurren und veränderte das weiche Fell. Ich wehrte mich gegen dieses Ende, aber ich empfand auch so etwas wie Hilflosigkeit und Panik.

Die Katze und meine Mutter waren zu Unberührbaren geworden.

Nach einer Weile kamen die Nachbarn, und man schickte mich nach oben in mein eigenes Zimmer, wo ich in dem Rauch nach meinem Bademantel tastete. Niemand fand es merkwürdig, mich nach oben zu schicken; vermutlich war das so etwas wie ein Reflex – sich so zu verhalten, als sei nichts passiert. Ich machte mir Sorgen um meinen Hamster in seinem Käfig unten im Keller, aber ich durfte nicht hinunter und ihn holen. Niemand nahm mich in den Arm; überhaupt nahm keiner einen anderen in den Arm – weder in der Situation noch später. (Soweit ich weiß, war der einzige, der außer mir trauerte, mein Vater: Kurze Zeit später hörte ich ihn durch die leeren Zimmer des Hauses laufen, in das wir nach dem Selbstmord zogen, und AGNES! rufen, so laut er konnte. Er glaubte, er sei allein, aber ich saß auf einer kleinen Bank vor der Küche, direkt vor der Fliegentür, und ich hörte ihn. Ich erkannte die Stimme meines Vaters fast nicht mehr wieder; seine Trauer erschreckte mich. Er erfuhr nie, daß ich es wußte – das gehörte zu den Dingen, die man nicht eingestehen durfte.)

Die Nachbarin scheuchte uns aus dem Haus. Als wir von der Auffahrt hinaus auf die Straße liefen, schaute ich zurück; die Feuerwehrleute trugen eine Bahre die eine breite Stufe von der Veranda herunter. Über die Gestalt, die darauf lag, war eine braune Decke gebreitet; auch wenn ich sie nicht sehen konnte, wirkte sie doch so geheimnisvoll steif und still wie auf dem Bügelbrett.

Im Kopf kann man die unterschiedlichsten Dinge tun. Man kann Vorgänge beschleunigen, den Selbstmord mit Worten umhüllen, die Explosion dämpfen, die Küche in Ordnung bringen. Im Kopf kann man die Wände frisch streichen und die Decke, neue, feuerfeste Metallschränkchen anbringen und den Boden mit hitzebeständigem Linoleum auslegen. Im Kopf hat der alte, behäbige Kühlschrank mit seinen Kühlschlangen, die er wie einen Turban oben auf der Arbeitsfläche trägt und durch die möglicherweise ein Funke entstehen kann, einen großen, kühlen, glatten Schutzbelag. Und im elektrischen Ofen kann lediglich das Fleisch anbrennen. In dieser Küche, die der verzweifelten Phantasie entspringt, kann meine Mutter sich immer noch zwischen ihrer roten Rezeptedose aus Blech und dem Ofen bewegen, ihr Brot backen, ihre Kuchen, und als keimfreie Küchengöttin wirken, als Star unserer Familienmythologie.

Aber der Kopf weiß auch, daß sie nie so gewesen ist. Sie war eine Furie, finster wie die Hölle, kalt und berechnend, eine richtige Hexe. Alles, was die Phantasie sich zurechtlegt, reicht noch nicht aus, um ihre dunkle Tat ungeschehen zu machen. Ihr Selbstmord hat sich in mein Bewußtsein eingegraben und auch die ausgebrannte Küche mit den sterblichen Überresten meiner Mutter, ein Bild, das sich mir immer wieder aufdrängt, gleichgültig, was ich sonst noch sehe draußen in der Welt.

Am Abend zuvor war sie in dem Ohrensessel im Wohnzimmer gesessen, die Augen voller Tränen, den Blick starr ins Leere gerichtet. Wie immer erschreckt durch ihre Verzweiflung und Distanziertheit, war ich zögernd in den Raum getreten und stehengeblieben. Ich brachte gute Nachrichten: Hal, mein mittlerer Bruder, der älteste, der noch zu Hause wohnte, hatte bestimmt, daß wir Kinder am Essenstisch zu streiten aufhören sollten. Wir sollten jeden Abend das Geschirr spülen. Es war wichtig, meiner Mutter das mitzuteilen, denn nur wenige Minuten vorher, als mein jüngster Bruder und ich wie üblich bei Tisch zu streiten anfingen (mein Vater arbeitete in New York und kam nur übers Wochenende nach Hause), war sie urplötzlich aufgestanden und hatte verkündet: »Wenn ihr zwei nicht aufhört, miteinander zu streiten, bringe ich mich um.«

Und nun hatte sie sich tatsächlich umgebracht.

Einer meiner Neffen erzählte mir einmal, meine Mutter habe ihren Tod sorgfältig geplant. Sie hätten ein Notizbuch gefunden, sagte er, in dem sie Berichte über geglückte Selbstmorde aufbewahrte; Artikel, in denen der Reporter nicht nur beschrieb, wo und wann die Leiche gefunden worden war, sondern auch, wie der Selbstmord ausgeführt wurde. Meine Mutter hatte gewissenhaft die Hilfsmittel notiert, die nötig waren, und die einzelnen Schritte. Wie ein Rezept klang das: Zündflamme ausblasen. Temperaturschalter auf GRILLEN stellen. Fleisch unbedeckt auf Bügelbrett legen.

Ich habe dieses Notizbuch nie zu Gesicht bekommen, aber ich habe es mir fast so oft vorgestellt, wie ich mir vorgestellt habe, mich so wie meine Mutter vor den offenen Ofen zu legen. Eines Abends im vierten Semester meiner Collegezeit, als mein Vater und meine Stiefmutter gerade in die Stadt gezogen waren und fremde Leute in unserem Haus wohnten und in der Küche meiner Mutter kochten, verließ ich den Campus mitten in der Nacht. Ich war wild entschlossen, nach Hause in ihre Küche zu gehen und mich auf den Tisch oder eine andere glatte Oberfläche zu legen. Nur dann, so glaubte ich, könnte ich schlafen. Der Schlaf war etwas zu Privates; man regeneriert sich selbst und vergißt den anderen. Ich konnte sie nicht vergessen, nicht eine Sekunde lang.

Als ich damals ins College ging, vergaß ich sie für Monate. Ich freundete mich mit anderen Studenten an, verliebte mich, war glücklich. Ich konnte mich mehr oder weniger wie eine junge Erwachsene verhalten mit sexuellen Bedürfnissen und Phantasien.

Ich träumte davon, andere Menschen zu berühren, ihnen in die Augen zu sehen, ja, sogar zu lächeln.

Aber gleichgültig, wie viele Kontakte ich auch knüpfte – wenn ich nach Hause kam, holte ihr Selbstmord mich ein. Während der Herbstferien im zweiten Studienjahr lag ich einmal oben auf Hals Bett und stellte mir vor, wie ich mit einer seiner Waffen Selbstmord beginge. Ich dachte dabei an seine .22er Flinte; doch als ich in die Schublade seines Nachtkästchens schaute, wo er seine Munition aufbewahrte, konnte ich nicht die richtigen Patronen finden. Also ging ich zu den anderen hinunter zum Thanksgiving-Essen. Niemand fragte mich, wo ich gewesen sei.

Während dieser Ferien schlief ich, wie ich es schon jahrelang tat, im Zimmer meiner Mutter, in ihrem Bett, unter ihrer Decke – so stellte sich mein Vater wohl das angemessene Erbe für seine Tochter vor. Mit drei und mit fünf Jahren hatte ich davon geträumt; aber in diesen Träumen war sie anwesend gewesen. Jetzt war nur noch ich da, ihr Ebenbild. Ihre Schlafzimmermöbel waren aus kubanischem Mahagoni. Sie waren schlicht, sogar streng: ein Doppelbett mit einem Kopfteil, das sich zu einem sanften Bogen in der Mitte hochschwang, eine hohe Kommode und eine rechteckige Frisierkommode mit geraden Beinen, einer Schublade und einem dreiteiligen Spiegel mit Mahagonirahmen, der jeden, der sich darin betrachtete, in ein Triptychon verwandelte.

Die Schmuckschatullen meiner Mutter hatte man mir gegeben. Sie sahen aus, als gehörten sie auf die Mahagonioberfläche ihrer Frisierkommode: ein schweres, rechteckiges Kästchen mit Einlegearbeiten aus Metall, ein kleines, barockes Ringkästchen aus Silber, die Lackschachtel aus Holz, die mein Vater ihr während des Zweiten Weltkrieges aus Persien mitgebracht hatte. Das Sandelholzkästchen, das er mir von den Philippinen mitbrachte, mit einem Elefantenrelief, sah ganz nett aus, aber das große gefütterte, blaßblaue Teenagerschmuckkästchen, das er und meine Stiefmutter mir geschenkt hatten, mit Goldprägung und muschelrosafarbenem Satin, wirkte eher grotesk auf mich.

Mein Vater und meine Stiefmutter hatten mir außerdem einen schweren Schreibtisch mit riesigen Füßen ins Zimmer gestellt, an dem ich arbeiten und meine Hausaufgaben machen konnte; dazu ein Bücherregal und eine riesige Pinwand, an die ich im Laufe der Jahre pflichtschuldig Footballbildchen, Ansteckblumen und Starfotos heftete. Aber das Zimmer gehörte nie richtig mir, ich war darin nur so etwas wie ein Geist. Wenn ich die Tür zum Wandschrank öffnete, rechnete ich immer damit, die Schuhe meiner Mutter zu finden, ihre Tweedkostüme und Wollkleider.

Mit vier, damals in Fort Wayne, Indiana, hatte ich mit Nasenbluten auf ihrem Bett gelegen, oben auf ihrer weißen Sommertagesdecke aus Baumwolle mit dem rosafarbenen Chenillemuster. Irgendwie hatte diese Tagesdecke die Zeiten überdauert. Sie war auf dem Bett gelegen in der Nacht, in der sie sich umbrachte.

Während meiner ganzen Jugend bekam ich im Bett meiner Mutter Alpträume. Ich trieb dahin in einem schwarzen Meer; der Kopf sackte mir nach hinten, und plötzlich fiel ich in eine große Leere. Oder ich tappte in ein dunkles Zimmer voll metallischer Geräusche. Allmählich gewöhnte ich mich an die Dunkelheit und entdeckte riesige Gestalten, die auf riesigen Sesseln saßen, die Knie hoch über mir, die Köpfe weit oben in der elektrisch knisternden Atmosphäre. Ihre Konturen waren verschwommen, wie bei Metallteilchen, die von einem Magneten angezogen werden. Das waren Riesen der Ewigkeit, des Jüngsten Gerichts, und ich war ihnen ausgeliefert. Ich spürte, wie meine eigenen Konturen zerflossen und sich auflösten.

Den Sommer zwischen meinem ersten und meinem zweiten Studienjahr am College verbrachte ich zu Hause mit dem Versuch, meinem Leben eine Struktur zu geben. Bei meinem Ferienjob in einer Versicherungsgesellschaft in Philadelphia sortierte ich die Akten von Angestellten mit Namen wie Thelma oder Mae, die schon längst in Rente waren. In meiner Freizeit las ich *The Outsider*, ein Buch über die Vereinsamung und den Wahnsinn von Nijinski und anderen Künstlern und Phantasten. Ich fühlte mich selbst als Außenseiterin und auch als Seherin, weil ich irgendwie geahnt hatte, daß meine Mutter sich umbringen würde. Ich glaubte, daß ich als Genie wie Nijinski eine Weile Frieden finden könnte, daß ich jedoch, genau wie Nijinski, verdammt sei.

Als ich dann schließlich wieder zum College zurückfuhr, hatte ich Panik. Mein Verstand arbeitete brillant; ich legte Prüfungen ab, schrieb Arbeiten und bekam glänzende Noten. Aber in meinem Kopf lief alles zu schnell ab; der Selbstmord drohte in meinem Kopf zu explodieren. Draußen existierte die kalte, langsam ablaufende Realität der Kurse und Mahlzeiten, und dazu kamen die Begegnungen mit den anderen Leuten bei den Toiletten. Ich bekam allmählich Angst, Menschen zu treffen, weil ich dieses schreckliche Geheimnis in mir trug.

Ich fing an, die ganze Nacht aufzubleiben, am Tag zu schlafen und ließ Kurse ausfallen. Während des Abendessens, wenn alle anderen unten im Speisesaal waren, schlich ich auf den Fluren bei den Schlafräumen herum wie ein Geist und suchte in den dunklen Zimmern nach Tabletten. Ich sammelte alles ein, was ich finden konnte, und nahm eines Nachts alle Tabletten gleichzeitig. Irgendwann in den grauen Morgenstunden wachte ich dann auf, frierend, schwitzend und mit flauem Gefühl im Magen.

Die Fenster im Schlaftrakt waren zu niedrig, als daß man sich hätte hinausstürzen können, und der Boden darunter zu weich für einen ordentlichen Aufprall. In meiner Phantasie ging ich zurück in die Küche meiner Mutter. Als ich den Schlaftrakt verließ, hatte ich eigentlich nicht vor, das, was sie getan hatte, nachzumachen. Ich wollte mich eigentlich nicht umbringen; ich hatte eher das Gefühl, alle erwarteten das von mir. Ich stellte mir so etwas wie ein religiöses Ritual vor, in dem ein Gott durch ein lebendiges Opfer aus Fleisch und Blut zum Leben erweckt wird. In mir setzten sich ihre Qualen fort; wenn es mir gelänge, ihren Platz einzunehmen, wäre endlich alles so, wie meine Familie es immer gewollt hatte – so als sei nie etwas passiert.

2. Kapitel
Mutmaßungen

In meinen Träumen gehe ich immer wieder zu dem Haus zurück. Immer bin ich dort allein; alle anderen sind weg, oder ich warte darauf, daß sie wiederkommen. Ich treibe mich im ersten Stock herum oder im Eßzimmer oder vor der Küche, die renoviert und frisch gestrichen ist.

Oft stehen draußen fremde Besucher, ganze Wagenladungen voll mit Männern und Frauen auf der halbrunden Auffahrt, die erwartungsvoll nach Lebenszeichen Ausschau halten. Sie nehmen den Platz für sich in Anspruch, als gehörten sie dorthin. Selbst unsichtbar, schaue ich mich auf der vorderen Veranda um. Habe ich die Haustür zugesperrt? Die Tür an der Seite? Die Kellertür? Zu dem Haus gibt es zu viele Eingänge.

Manchmal treibe ich in meinem Traum die stillen, leeren Pfade der Nachbarschaft entlang. Sobald ich mich zu erkennen gebe oder enttarnt werde, passiert etwas – eine Tür geht auf, jemand kommt heraus, entdeckt mich. Ich weiß nicht, ob die Furcht oder die Sehnsucht mich vorantreibt. Die Angst macht mich unsichtbar, aber die Sehnsucht treibt mich aus dem Haus.

Manchmal träume ich, daß ich dem Pirschgänger folge, dem potentiellen Vergewaltiger. Ich stelle mir vor, er zu werden; ich verlasse das Haus durch die Tür an der Seite, die Stufen hinunter und hinaus auf die Steine und den Kies und das tote Laub auf der Fahrbahn mit den beiden Spuren, die sich den Hügel hinunterschlängeln zu der alten Postkutschenstation. Ich folge der Spur des Pirschgängers, sobald er die Auffahrt an der Ecke des Hauses verläßt. Ich schlüpfe durch die Lücke in der Hecke, die Generationen von Hunden und Kindern geweitet haben, hinaus zu der Vertiefung in der Erde, wo mein Bruder Erik und ich immer den Papierabfall verbrannten. Wir bauten komplizierte Konstruktionen aus Schachteln und Tüten und sahen zu, wie sich die schwarze Kohle ausbreitete, während die kleinen Flammen die Pappe hinaufzüngelten, spürten den plötzlichen Hitzeschwall, wenn die Flammen eine Papiertüte erfaßten, verbrannten und in Asche verwandelten, die von der heißen Luft nach oben getrieben wurde.

Unter der Feuerstelle befand sich ein Gestrüpp aus Unkräutern, Brennesseln, totem Laub und Himbeersträuchern mit biegsamen Zweigen. (Wir nannten sie *wineberries*, unsere Mutter zahlte uns dafür, daß wir die Beeren pflückten.) Hier gibt es eine größere, flachere Vertiefung, die zum Teil überwachsen und wohl einmal für ein Fort ausgehoben und dann verlassen worden ist. Der Pirschgänger hält inne, dort wo der Hügel flacher wird, die schwarzen Cowboystiefel fest in die Brennesseln gestemmt. Er ist groß und schlank, die langen Beine stecken in einer schwarzen Hose, seine Hüftknochen halten seinen abgetragenen schwarzen Gürtel mit der stumpfen Zinnschnalle. Er trägt ein schwarzes Seidenhemd mit offenem Kragen und ein schwarzes Halstuch, das er seitlich gebunden hat. Auch seine Haare sind schwarz, und er betrachtet mit zusammengekniffenen Augen die Gegend. Dies ist der Ort, an den er mich schleppen wird, weitab von Nachbarn und Passanten, ein weiches Laubbett in der Vertiefung, ein Ort zum Herumtollen und -rollen, wo er bei meiner Berührung zu meinem Geliebten wird.

Über dem Boden der malvenfarbene Rauch alter Feuer, alter Blätter, zerbröckelnde Scherben alten blauen Schiefers.

Vermutlich haben meine schockierten Verwandten das Notizbuch meiner Mutter weggeworfen. Ich wünschte, sie hätten es aufbewahrt; ich würde gerne den Weg meiner Mutter zum Backofen nachvollziehen können, herausfinden, warum sie sich beispielsweise für diese Methode entschieden hat, statt für Autoabgase oder einen Schuß aus einer der Waffen meines mittleren Bruders. Ich vermute, es hängt damit zusammen, daß meine Mutter die Küche als Zentrum der geringen Macht begriff, die sie im Hause hatte.

Wenn sie meinen Vater nach all den Jahren doch noch verlassen würde, würde sie es dort tun. Das Ganze war ziemlich einfach: Sie würde ihn verlassen und dennoch bleiben; durch das Auge der Göttin hinausschlüpfen, die nur einmal kurz blinzeln und uns unsere Mutter entführen würde, aus unserem Blickfeld, unseren Plänen und unseren schrecklichen Bedürfnissen.

Sie hatte noch eine andere Alternative erwogen. Mein Onkel erzählte mir einmal, sie sei zu ihrer Schwiegermutter gegangen, meiner Großmutter, einer kleinen, alles beherrschenden Frau, die auf ihrem Sofa saß, den Rücken so gerade, daß sie nie das Polster berührte. Meine Großmutter bot meiner Mutter Kaffee an. Nachdem meine Mutter ihr gesagt hatte, was sie beschäftigte, schaute meine Großmutter sie durch ihren goldrandigen Kneifer an und sagte: »In unserer Familie läßt man sich nicht scheiden.«

Zwischen diesem Treffen und ihrem Selbstmord sprach meine Mutter mit einer ihrer Freundinnen, der Mutter des Mädchens, das mein ältester Bruder später heiratete. Meine Schwägerin erzählte mir Jahre später, daß meine Mutter ihre Mutter eines Nachmittags heimgefahren hatte. Als meine Mutter damals in die Auffahrt einbog, lehnte sie sich zurück, die Hände noch immer auf dem Lenkrad, und fragte: »Hast du eigentlich jemals das Gefühl, daß du es nicht mehr aushältst?«

Diese Äußerung läßt natürlich noch nicht allzu viele Rückschlüsse zu. Obwohl es Spekulationen innerhalb der Familie gibt: Einer meiner Brüder sagte einmal, er habe sich immer gefragt, ob mein Vater im Krieg eine Freundin gehabt habe und ob meine Mutter das herausgefunden habe. Meine Stiefmutter und meine Tante hingegen glaubten, meine Mutter habe ein schreckliches Geheimnis mit sich herumgetragen, das sie keinem von uns erzählt habe: Sie wäre ohnehin gestorben, und zwar an Krebs. Und ich fragte mich manchmal, ob ein frühzeitiges Einsetzen der Wechseljahre nicht zu einer tiefen, nicht zu besänftigenden Verzweiflung geführt habe.

Eines steht jedenfalls fest: Mein Onkel, der einzige Bruder meines Vaters, erzählte mir einmal, daß meine Mutter sich den Tag für ihren Selbstmord aussuchte, an dem sie vor vielen Jahren meinem Vater versprochen hatte, ihn zu heiraten.

Ein Selbstmord bringt die Zeit zum Stillstand. Bevor er passiert, kann ihn sich niemand vorstellen. Wenn er dann tatsächlich passiert, ist er unwirklich, außerhalb der Zeit. Krankheit bereitet auf den Tod vor, und ein Unfall läßt sich erklären. Man kann sich über das Schicksal die Haare raufen oder zornig werden auf den anderen oder sogar auf den Toten, weil er sich betrunken ans Steuer gesetzt hat oder unachtsam war. Vielleicht ist man schockiert, aber wenigstens kann man trauern.

Aber über einen Selbstmord kann man nicht wütend werden, und man kann auch nicht trauern. Wenn man fragt *Warum?*, scheint jede mögliche Antwort zur eigenen Person zurückzuführen. Die Fragen werden immer schuldbewußter: *Habe ich sie im Stich gelassen? Was hätte ich tun können?*

Niemand will sich mit solchen Fragen auseinandersetzen. Um ihnen aus dem Weg zu gehen, liefert die Familie die üblichen Erklärungen: Wechseljahre, Ehebruch oder Krebs. Wenn meine Mutter ihr Leben geopfert hatte, um uns den Schmerz wegen ihrer Krankheit zu ersparen, dann hatte sie alle menschlichen Schwächen überwunden – unsere mangelnde Sympathie, in Worten und Taten. Wenn sie heilig und unantastbar gewesen wäre, hätten wir keine Verantwortung gehabt, unsere Schuld wäre gesühnt.

Und außerdem waren wir psychisch gesund, und sie auch. Ein Selbstmord ist eine extreme Tat. Ohne Motiv wirkt er wie eine Niederlage des Individuums, eine sinnlose Bestrafung, der Akt wird unverständlich, ja vielleicht sogar irrwitzig. Und das, was der Wahnsinn impliziert, ist genauso beunruhigend wie die Frage des Motivs: *Wenn sie verrückt war, was waren dann wir? Und was sind wir jetzt?*

Der Status quo läßt sich leicht beschreiben: Eines ihrer vier Kinder ist manisch-depressiv und von Lithium, einem klassischen Psychopharmakon, abhängig. Die anderen drei sind in unterschiedlichem Maße chronisch depressiv. Was natürlich alles mit dem Erbgut zu tun haben könnte. Was wiederum zu der Frage führt, ob die Depression als Folge einer Fehlfunktion von Neuronen ohne jeglichen Zusammenhang zu den Lebensumständen meine Mutter zum Selbstmord getrieben haben könnte.

Vermutlich könnte die Theorie stimmen; eine pathologische Depression kann das Leben unerträglich machen. Aber für meine Mutter hatte ihr Selbstmord offenbar große Bedeutung; sie hat sich die Methode und den Zeitpunkt so sorgfältig gewählt und alles so umsichtig ausgeführt, daß gar kein anderer Schluß möglich ist. Ich glaube, daß ihre Depression im selben Maße unerträglich wurde wie ihr Leben – weil sie keine Zukunft mehr sah, weder in noch außerhalb der Ehe. Am Leben zu bleiben bedeutet, sich für die Zukunft zu entscheiden; die Zukunft zu verlieren, das ist eine Art Tod am Leben.

Heute hätte sie sich vermutlich scheiden lassen. Aber 1949 oder 1950 war es noch nicht so leicht für eine Frau mittleren Alters mit vier Kindern, die Scheidung einzureichen, insbesondere, wenn keiner in der Familie sie unterstützte. Um die Rechtmäßigkeit ihres Vorgehens zu beweisen, hätte sie meinen Vater des Ehebruchs bezichtigen müssen, und den hatte er vermutlich nie begangen. Es wäre ihr sehr schwergefallen, solche billigen und schmutzigen Anschuldigungen auszusprechen, um etwas zu beweisen.

Sie hätte mit Sicherheit den Makel, den ihr die Gesellschaft nach einer solchen Trennung zugeschrieben hätte, nicht ertragen. Sie machte sich viel, ja fast schon zuviel aus dem, was die Leute von ihr dachten. Schließlich nannte man geschiedene Frauen *divorcées*, eine Bezeichnung, die sehr nach Boshaftigkeit und Verantwortungslosigkeit klang und einen Beigeschmack von Promiskuität hatte.

Frauen sicherten sich ihren Lebensunterhalt immer noch durch Heirat. Als alleinerziehende Mutter – eine Seltenheit in der Mittelschicht jener Zeit – hätte sie kaum eine Möglichkeit gehabt, Geld zu verdienen. Vermutlich war sie zu idealistisch, um auf Unterhaltszahlungen zu spekulieren, und selbst wenn sie daran gedacht hatte, hätte sie wegen dem allseits bekannten Geiz meines Vaters wahrscheinlich wenig Chancen gehabt, diese Zahlungen durchzusetzen. Und mit Sicherheit wäre sie auch nicht glücklich darüber gewesen, weiterhin von meinem Vater finanziell abhängig zu sein. Sie hatte bereits seit zwanzig Jahren nicht mehr außerhalb des Haushaltes gearbeitet. Sie kannte niemanden, der ihr dabei geholfen hätte, einen Lebenslauf zu schreiben oder sich auf ein Vorstellungsgespräch vorzubereiten. »Lebenserfahrung« zählte auf dem Arbeitsmarkt nicht. Sie hatte vermutlich den Eindruck bekommen, ohne jegliche Chancen zu sein, wenn sie meinen Vater verließe.

Doch keiner dieser Gründe reicht aus, um ihren Selbstmord zu erklären. Natürlich sind das alles Einzelfaktoren, aber neben dem großen Wort »Selbstmord« verlieren sie doch an Bedeutung und scheinen fast aus einem anderen Leben zu kommen, aus einer anderen Dimension, in der der Zusammenhang von Ursache und Wirkung sich verzerrt, so daß augenscheinlich normale Aktionen und Situationen zu Konsequenzen führen, die unerträglich tragische Ausmaße annehmen. Das ist die Dimension von Klytämnestra und Medea – und diejenige meiner Mutter.

Die auf ihre eigene Weise ebenfalls eine tragische Heldin war, gleichzeitig Opfer und Täter wie ihre großen Vorgängerinnen. Mit Sicherheit hatte sie auch Rachegelüste; schließlich ruinierte ihr Selbstmord die Karriere meines Vaters. Er konnte ihr das nie verzeihen; ihm mußte das erschienen sein wie ein weiterer Schlag des Schicksals, gegen das er sich, koste es, was es wolle, auflehnte.

Vielleicht erscheint die große Tragödie im Zeitalter der Quantenmechanik unrealistisch, wo doch überall auf der Welt Chaos herrscht: Kaum hat man ein Photon entdeckt, ist es schon wieder verschwunden. Wenn man eine Kreuzfahrt unternimmt, läuft man Gefahr, von Terroristen erschossen und vor den Augen der Familie über Bord geworfen zu werden. Wenn man fliegt, kann ohne weiteres eine Bombe unter dem Sitz explodieren.

Aber dieser Selbstmord war, genau wie alle wirklichen Tragödien, eine Familienangelegenheit. Die Griechen und Shakespeare wußten um das, was wir totzuschweigen suchen – daß nämlich in Familien bestimmte Aktionen fast immer bestimmte Ursachen haben. Das Schicksal ist unlöslich mit dem Charakter verbunden, und sogar die Götter werden von ihren Lastern getrieben, von ihren Sehnsüchten und ihren Schwächen.

Das Leben der einzelnen Familienmitglieder ist miteinander verwoben, so daß Eltern sich gegenseitig und ihre Söhne und Töchter durch ihre Vergangenheit verwirren. Die Gegenwart kann so erfüllt sein von den Schreien der früheren elterlichen Persönlichkeit, daß eine betrogene Ehefrau nur ihr eigenes Schicksal sehen kann, wo ein anderer vielleicht eine einfache, rationale und mögliche Lösung erkennt – zum Beispiel den Entschluß, an einen anderen Ort zu ziehen, jedenfalls nichts Aufregendes.

Und währenddessen wird die Zukunft der Söhne und Töchter geschaffen oder zerstört, abhängig davon, ob die Eltern ihnen einen Freiraum lassen oder sie zwingen, bei ihren eigenen Spielen mitzumachen, so daß sich die Verzweiflung der Eltern schmerzlich im Leben der Kinder fortsetzt. Obwohl ich nicht glaube, daß meine Mutter auch an mir Rache nehmen wollte, war ihr Schicksal doch unlöslich mit dem meinen verknüpft, weil ich noch so jung war und das gleiche Geschlecht hatte wie sie. Außerdem befriedigte ich auf merkwürdige Weise nicht nur ihre, sondern später auch die Bedürfnisse der Familie. Sie hatte in mir einen Spiegel ihrer selbst gesehen, und deshalb hatte ich ihr gegenüber auch eine besondere Verantwortung empfunden. Für meine Brüder, die Jungen waren und auch schon älter, bedeutete ihr Selbstmord einen Schock, einen Verlust, eine Unterbrechung ihres normalen Lebensverlaufes sowie Schuldgefühle und Zorn, die man sich nicht eingestehen durfte. Für mich hingegen war ihr Tod das Ende meiner bewußten Individualität.

Natürlich ist mir nach all den Jahren klar, daß die Tat meiner Mutter wenig, vielleicht überhaupt nichts, mit mir zu tun hatte.

Trotzdem war ich aufs engste mit ihrem Leben verknüpft, mit den geheimsten Nuancen ihres Charakters, die sich möglicherweise nur in unserem speziellen Verhältnis zueinander ausdrückten. Jeder von uns in der Familie hatte ein eigenes geheimes Leben zusammen mit ihr, jedes Kind wurde von ihr geprägt und bildete sich dabei ein, sie zu formen.

In Tragödien spielt der Zufall keine Rolle. Folgende Fragen machen mir trotz aller Spekulationen innerhalb unserer Familie zu schaffen: Hätte irgend jemand von uns, zum Beispiel ich, sie retten können, und war irgend jemand von uns, zum Beispiel ich, für die Tatsache verantwortlich, daß sie starb? Oder für die Tatsache, daß sie überhaupt das Gas anschaltete?

Mein Vater und meine Brüder konnten genausowenig aufhören, über diese Frage nachzudenken wie ich, auch wenn sie das nie zugaben. Selbstmord ist Mord am eigenen Ich, und Mord erzeugt den Wunsch nach Bestrafung, einer mythischen, primitiven Form der Rache, zum Beispiel nach der Tötung des Mörders. Beim Selbstmord jedoch tötet der Mörder sich selbst. Und da er gleichzeitig das Opfer ist, kann man ihm nicht die Schuld geben. Folglich führt der Wunsch zu richten, zu bestrafen und Kontrolle zu üben unerbittlich immer wieder zu uns, den Überlebenden, zurück.

Meine Familie wollte die ganze Angelegenheit einfach ignorieren und vergessen, aber da war noch ich, meiner Mutter wie aus dem Gesicht geschnitten, das behaupteten zumindest alle, die sie gekannt hatten, und ich wurde ihr mit jedem Tag ähnlicher. Solange ich zu Hause war, konnte keiner von uns sie vergessen. Schließlich hatten sie ständig mit mir zu tun. Wie sich im Lauf der Zeit herausstellte, diente ich ihren Zwecken ebensosehr, wie ich ihr Gelingen gefährdete. Meine Schuldgefühle und ihre Verweigerung paßten ideal zusammen. Gemeinsam bauten wir uns ein kleines Theater, in dem offenbar immer nur die harmlosesten Situationskomödien auf die Bühne kamen. Meine Mutter hatte ihr Leben ausgelöscht, und mein Vater löschte ihre Tat aus – schüttete einfach das ganz normale Leben darüber.

Das, was luftdicht in einem Grab oder einem Torfmoor oder einem Gehirn vergraben ist, ist aus der Zeit, auf ewig konserviert; alte Schuldgefühle, alte Feindseligkeiten, alte Schrecken. Wenn alle Mythen intakt bleiben, verändert sich auch das, was das Auge des Kindes wahrnimmt, nicht. Wenn diese Dinge allerdings ausgegraben, wieder in den Lauf der Zeit integriert werden, lösen sich manche von ihnen unter dem Einfluß von Licht und Luft auf. Andere hingegen dienen dazu, die Wahrheit zu finden – oder jedenfalls jenen Teil der Wahrheit, der sich aus Scherben, Werkzeugen, Knochen und Fetzen von Kleidungsstücken rekonstruieren läßt.

Wie vieles von dem, was ich hier schreibe, kann wohl die Wahrheit sein? Meiner Ansicht nach alles: sowohl das, woran ich mich erinnere, als auch das, was ich aus biographischen und historischen Fakten rekonstruiere, indem ich meine eigene Psyche auslote, wo meine Mutter ebenso tief vergraben liegt wie ihre Tat.

Es ist allgemein bekannt, daß das Gedächtnis alles andere als zuverlässig ist, daß weder die Rekonstruktion noch die Biographie die Realität ganz genau wiedergeben kann. Die Anwesenheit des Beobachters verändert die Ordnung des Universums; weder der Archäologe noch der Astronom, noch der Dichter bewegen sich auf neutralem Terrain oder vertreten eine objektive Position. Aber dann könnte man auch sagen, daß wir alle nur Fiktionen sind, die sich durch die eigene Vorstellung neu erschaffen und sich eine Kontinuität des Lebens philosophieren, die ein strenger Beobachter ohne weiteres in Zweifel ziehen könnte. Ich habe die Fakten, soweit ich konnte, nachgeprüft, aber letztendlich prägt doch die subjektive Erfahrung die Erinnerung und die Person, und wir führen ja auch kein Leben wie in *Rashomon*. Ich schreibe nicht nur, um meinem Leben einen Sinn zu geben, was als Zielsetzung für einen Künstler Rechtfertigung genug wäre, sondern versuche auch, mein Verhältnis zu meinem Leben zu klären.

Wenn ich etwas darüber erfahren kann, wer meine Mutter war – und wer wir alle waren, sowohl vor als auch nach dem Selbstmord –, werde ich auch ein paar Antworten finden auf die am schwierigsten zu beantwortende Frage: Was hat sie dazu gebracht? Das »Warum«, die erste Frage, die jeder nach einem Selbstmord stellt, wird am seltensten beantwortet, weil sie von drängenderen Problemen der Familiensituation und des persönlichen Interesses überlagert wird.

Die Reaktion meiner Familie auf den Selbstmord meiner Mutter paßte genau zu dem Verhalten, das sie gezeigt hatte, als meine Mutter noch lebte. Ihre Tat verwandelte uns genauso radikal, wie eine blutige Revolution eine Kultur ändern kann. Doch in der Kultur, die aus dem Chaos der Revolution entsteht, finden sich gewöhnlich Elemente der prärevolutionären Vergangenheit, die nach ihrer Ideologie die neue Kultur erschaffen.

Unsere Kultur ist inzwischen schon ziemlich alt; die Familie liegt in meinem Kopf und dem meiner drei Brüder begraben. Meine Brüder, die sie auch dort belassen wollen, halten mich für merkwürdig, besessen, vielleicht sogar für verrückt. Möglicherweise bin ich das auch. Ich schreibe, um meine Mutter wieder auszugraben, ihre Tat und das, was danach kam, unter den Schichten des Mythos und des Rituals, der Heuchelei und des Vergessens, die all das die ganzen Jahre bewahrt und verschleiert haben. Ich bin unter denselben Schichten aus Haushaltsarbeit verschwunden, die auch sie begraben haben. Wenn ich uns beide finden kann – sowohl die Große Göttin als auch mein kindliches Ich, in dessen Blick die Göttin wohnt –, wird es mir endlich gelingen, von beidem zu lassen und mein eigenes Leben zu leben.

3. Kapitel

Die verlorene Vergangenheit: ein Porträt meiner Mutter und ihrer Familie

Meine Mutter war ein förmlicher Mensch. Seit ihrem Selbstmord ist sie in meinen Träumen zu einer ziemlich nebulösen Gestalt geworden, aber ich habe immer noch die Möglichkeit, sie auf Fotos anzusehen, wo sie hinter uns Kindern steht. Es handelt sich dabei um Schwarzweißbilder, die im Freien aufgenommen worden waren; wir Kinder blinzeln ein wenig wegen der Sonne und auch wegen der Kamera. Meine Mutter mit ihrem kupferfarben schimmernden Haar und den grünblauen Augen (genau wie mein Haar und meine Augen) wirkt grau auf den Fotos. Sie blinzelt nicht, sondern lächelt vorsichtig. Manche Stämme lassen sich nach wie vor nicht fotografieren, weil sie glauben, dabei ihre Seele zu verlieren. Unsere zivilisierte Version dieses Glaubens sieht folgendermaßen aus: Wir meinen, daß Schnappschüsse das zeigen, was Menschen verbergen wollen, sogar vor sich selbst – welche Einstellung sie zu sich selbst und welche Beziehung sie tatsächlich zu den anderen haben.

Auf unseren Familienfotos berühren sich die Fotografierten nicht. Auf einem Foto, das kurze Zeit vor ihrem Selbstmord aufgenommen worden war, steht meine Mutter neben meinem ältesten Bruder Arno, der gerade sein erstes Semester auf dem College studierte. Sie schauen beide geradeaus, und die Arme hängen ihnen starr seitlich am Körper herunter. Meine Mutter scheint offen in die Kamera zu blicken, aber sie verrät nicht alles über sich; ihre Seele hält sie verschlossen.

Sie trägt ein Tweedkostüm mit Schulterpolstern und einen Filzhut mit schmalem Rand und kleiner Feder. Meine Kusine, die Malerin, sagte immer, meine Mutter habe Geschmack, was Kleidung anbelange, und das stimmte auch. Beim Kauf von Kleidern besaß sie genausoviel Sicherheit wie bei allem, was mit der Küche zu tun hatte. Sie probierte ein Kostüm nach dem anderen an, während ich in einer Ecke der Umkleidekabine kauerte, zugleich fasziniert und gelangweilt. Sie liebte Erdfarben – Braun, Dunkelorange, Dunkelgrün –, aber sie pflegte eine städtischere Eleganz: ein Kostüm mit Hahnentrittmuster und einer Spur Rot an den Schultern oder ein schwarzes Kleid mit einem Jäckchen, das einen kastanienbraunen Einsatz an der Seite hatte. Dazu trug sie eine kastanienbraune Handtasche und Stöckelschuhe. Ihre Schuhe hingen aufgereiht an der Innenseite des Wandschrankes: sattbraune Wanderschuhe, weinrote Sandalen mit hohen Absätzen und offenen Spitzen.

Es fällt mir schwer, ihr äußeres Erscheinungsbild zu beschreiben, auch wenn alle, die sie persönlich kannten, mir sagen, daß ich genauso aussehe wie sie. Und ich selbst merke das auch. Sie war fast so groß wie ich, hatte kräftige Knochen und war eine gute Schwimmerin. Als sie am Ende dann ziemlich dünn war, wirkte sie knochig, wie eine der Appalachenfrauen in Walker Evans' Fotos für *Let Us Now Praise Famous Men*. Auch sie hatte hohe Wangenknochen, aber ihre Augen blickten sanft und verschleiert. Und obwohl sie oft voller Schmerz waren, loderte in ihnen doch nicht die Wut, die nötig ist zum Überleben.

Sie achtete aufs Detail, war Perfektionistin. Sie war sozusagen in einem Atelier aufgewachsen: Ihre Mutter war Töpferin gewesen, ihr Vater Holzschnitzer, Graphiker, Maler, Bildhauer – ein Allroundkünstler. Schon als Mädchen hatte sie die Kunst des Töpferns erlernt – der satte, feuchte graue Ton öffnete sich unter ihren Händen, drehte und drehte sich, wuchs glatt und schlangengleich in die Höhe, wenn sie das Material zwischen ihren Fingern formte. Doch als Erwachsene entschied sie sich für das Hausfrauendasein. Sie beschloß, ihre ganze Begabung und ihre Ausbildung darauf zu verwenden, zum Beispiel für mich kleine Kleidchen zu schneidern oder aus Papier und alten Stoff- und Holzresten Weihnachtsschmuck zu basteln.

Sie saß gerne über ihre Arbeit gebeugt da; sie konnte völlig darin aufgehen, ein Päckchen mit Geschenkpapier einzuwickeln. Ihre flinken, zarten Finger berührten alle Dinge mit derselben sanften Geschicklichkeit und zwangen das Material, ihrem Willen zu gehorchen. Sie band die Rosenbüsche mit derselben Sorgfalt zusammen, wie sie saubere Laken faltete.

Wenn sie guter Laune war, behandelte sie uns Kinder genauso. Wenn sie mich badete und mir das Haar wusch, machte sie das mit sanften, flinken Fingern; sie sagte mir immer, ich solle die Augen schließen, bevor sie mir das Haar mit Essig spülte. Aber sie nahm mich nie in den Arm, um mich zu streicheln. Sie beschränkte ihre Berührungen auf ein Minimum: Von ihr war kein langsames, sinnliches Kreisen mit dem Waschlappen zu erwarten, nie wurde sie albern oder kitzelte uns.

Wenn wir krank waren, ging sie mit uns um wie eine fähige Krankenschwester; sie verschaffte uns Linderung mit kalten Kompressen, rieb uns mit Salben ein oder holte kleine Aschestückchen aus meiner Haut, als ich mit acht Jahren auf der Aschenbahn hinter der Schule hingefallen war. Einmal, als ich mir irgendwie den Arm verletzt, vielleicht einen Muskel überdehnt hatte, rieb sie mich ein und packte den Arm in eine heiße Kompresse. Ich sagte noch lange hinterher, ich habe Schmerzen, obwohl das nicht stimmte, weil ihre Berührung mir so guttat.

Mein Bruder Hal erwies sich als der einzige von uns Kindern, der handwerkliches Geschick besaß – er polierte die Schäfte seiner Gewehre und ölte ihre blauen Metalläufe mit unermüdlicher Geduld. Mit bewundernswerter Ausdauer widmete er sich seiner alten Flinte, strich mit sanften, liebkosenden Bewegungen darüber. Jahre später, kurz nach seiner Approbation, spezialisierte er sich auf die Handchirurgie und lernte, die kleinen, komplizierten Knochen der Hand, das ausgeklügelte Nervensystem und die feinen Blutgefäße zu reparieren.

Wenn meine Mutter wütend war, konnten auch ihre Hände wüten. Sie konnten zuschlagen, Gegenstände zerschlagen und zerbrechen, Pyjamas mit unglaublicher Geschwindigkeit anziehen und dann die widerstrebenden Körper ins Bett zwingen. Sie konnten einen Sohn, der fluchte, dazu bringen, sich selbst den Mund mit Seife auszuwaschen.

Unser Vater spielte hin und wieder ganz gern wilde Spiele mit uns. Ich erinnere mich daran, daß er mich über seinem Kopf hin und her schüttelte, mich mit einem Purzelbaum auf dem Bett landen ließ und so lange kitzelte, bis ich mir fast in die Hose machte, oder daß er mich mit ausgestrecktem Arm, die Hände fest um meine Gelenke geschlossen, durch die Luft wirbelte, ohne daß meine Füße den Boden berührten.

Vielleicht, weil wir Kinder nie gelernt hatten, daß man die Hände auch zum Trösten verwenden kann, konnten wir nicht voneinander lassen; wir rangen und kämpften miteinander, lauerten uns gegenseitig auf und griffen einander an. Theoretisch war das alles nur ein Scherz, schließlich war das ganz normal in großen Familien mit starken Jungen und einer kleinen Schwester. Manches davon war tatsächlich ein Scherz und half uns dabei, ein Gefühl für unseren Körper zu bekommen. Doch vieles davon war auch blutiger Ernst; wir kämpften wie Tiere um die Beute oder um Territorien. Unsere Mutter konnte uns in dieser Hinsicht nicht allzuviel helfen, und in unserer Familie gab es nur ausgeprägte Gegensätzlichkeiten. Arno und Hal, die beiden älteren Jungen, waren gedrungen und dunkelhaarig und gerieten nach ihrem Vater. Der jüngste Bruder Erik und ich waren blond und hochgradig nervös und schlugen unserer Mutter nach. Erik und Hal, deren Altersunterschied nur zwei Jahre betrug, kämpften um ihre Existenzberechtigung oder um die Vorherrschaft oder um beides. Erik und ich, die wir vier Jahre auseinander waren, kämpften ausschließlich um unsere Existenzberechtigung.

Erik, der zu früh auf die Welt gekommen war, war der Liebling meiner Mutter. Als ich geboren wurde, hätte er mich am liebsten umgebracht. Als ich dann schließlich alt genug war, um mit ihm zu spielen, erwartete unsere Mutter von uns, daß wir uns gesittet miteinander beschäftigten. Damit war ruhig gemeint, was bedeutete, daß ich nicht schreien oder weinen durfte, wenn mein Bruder mich in den Schwitzkasten nahm. Um das zu beweisen, drückte Erik mir eines Tages ein Kissen so lange aufs Gesicht, wie er sich traute. Ich hatte Todesangst, aber als er endlich von mir abließ, schrie ich nicht und rannte auch nicht zu meiner Mutter. Solche Bedürfnisse hatte ich mir bereits abgewöhnt. Statt dessen handelte ich nach dem Motto, das in unserer Familie vorherrschte: Nichts ist schlimmer, als die Einsamkeit einer Mutter zu stören.

Das ästhetische Bewußtsein meiner Mutter bedeutete so etwas wie einen Fluchtraum vor unserer kindischen Unzulänglichkeit. Sie empfand es als erleichternd, Schönheit, Farben und vollkommene Formen zu erblicken. Ihre Mutter, die sie die Ästhetik des Alltags gelehrt hatte, hatte ihr beigebracht, auch alltägliche Dinge zu achten, deshalb schätzte meine Mutter auch Farben, Formen und Muster von Dingen sehr. Kochen und Servieren machten ihr Spaß; für sie war es eine Freude, wenn das Gemüse tiefgrün wurde im kochenden Wasser, wenn die eingelegten Tomaten wie rote Edelsteine aussahen, wenn sie orangefarbene Karotten und weiße Kartoffeln auf einen dunkelgrünen Teller häufen konnte.

Manchmal starrte sie die Dinge so intensiv an, daß sie darin zu verschwinden schien. Ich erinnere mich noch, als ich ein kleines Kind war: Ich begleitete sie den Weg zum Haus hinauf, als mir plötzlich klar wurde, daß sie gar nicht richtig da war; sie war stehengeblieben und hatte sich irgendwie verflüchtigt in die reine Form der Wolken, in Hunderte von winzigen dahintreibenden Sonnenuntergängen, fahlrosa in dem fahlblauen spätnachmittäglichen Himmel von Indiana.

Sie wandte sich nicht zu mir um, um mich teilhaben zu lassen, und ich dachte mir etwas aus, um ihre Aufmerksamkeit auf mich zu lenken – ich rannte voraus, um einem noch kleineren Kind dabei zu helfen, seine Schnürsenkel zu binden. Doch das nutzte nichts; sie blieb distanziert. Vielleicht empfand sie überhaupt keine Freude, vielleicht sehnte sie sich auch nur nach einer fernen Vollkommenheit. Vielleicht waren ihre Fluchten deshalb auch so einsam.

Am besten erinnere ich mich im Zusammenhang mit meiner Mutter noch an das Haus, in dem sie Selbstmord beging. Wir zogen gleich nach dem Zweiten Weltkrieg dort ein, in jener merkwürdigen, unwirklichen Zeit, in der sich mein Bewußtsein von der Welt formte. Mein Vater verlebte damals eine recht interessante Zeit damit, sich in Persien mit dem Eisenbahnwesen zu vergnügen, und meine Mutter hatte Probleme mit uns vier streitsüchtigen Kindern, zusammengepfercht in einem kleinen Reihenhaus in einem Vorort von Fort Wayne, Indiana, tausend Meilen entfernt von ihrer eigentlichen Heimat, der Ostküste.

Mein Vater arbeitete bei der Bahn, er war Ingenieur. Vor dem Krieg hatte ihn meine Mutter zwölf Jahre lang auf den Spuren der Pennsylvania Railroad begleitet, hatte dafür gesorgt, daß mein Vater immer etwas zu essen und frisch gebügelte Kleidung hatte, und sie hatte bei jeder Versetzung alles zusammengepackt und war mit ihm in die nächste fremde Stadt weitergezogen. Dort packte sie wieder alles aus, meldete meine Brüder in neuen Schulen an, suchte sich einen Lebensmittelhändler und eine Reinigung und ein Haushaltswarengeschäft und einen Spirituosenhändler, sie freundete sich mit den Leuten in der Nachbarschaft an und wußte dabei doch, daß das alles nur vorübergehend war, daß sie schon bald unsere Siebensachen wieder zusammenpacken und weiterziehen würde. Sie legte keinen Garten an, also weckte sie nicht ein. Während des Krieges legte sie nicht einmal einen Victory Garden an.

Als der Krieg vorbei war und mein Vater nach Philadelphia versetzt wurde, wo sich die Hauptverwaltung der Pennsylvania Railroad befand, schienen alle zu glauben, daß er dort bleiben würde. Meine Mutter, die in jenem Jahr vierzig wurde, meinte, sie könne sich nun endlich auf etwas einlassen. Also machte sie sich daran, unser neues Haus und den Garten zu einem Spiegelbild ihrer wahren Persönlichkeit zu gestalten.

Dieses große viktorianische Haus steht immer noch dort an der Main Line, eines von zweien, die in den achtziger Jahren des neunzehnten Jahrhunderts von einem hingebungsvollen Vater, dem Braumeister der Schmidt-Brauerei, als Hochzeitsgeschenk für seine beiden Töchter erbaut worden waren. (Die Schmidts besaßen direkt daneben ein riesiges Anwesen und hatten ihm möglicherweise den Grund zur Verfügung gestellt.) Das Haus war ideal für die Familie eines Eisenbahners. Das langgestreckte Grundstück schmiegte sich an die kurvigen Schienen, die der Main Line ihren Namen geben, der Hauptstrecke der Pennsylvania Railroad, die durch Paoli nach Westen in Richtung Chicago verlief.

Das Haus ist einladend, hat hohe Räume, zwei Kamine, eine breite Treppe vorn und eine Wendeltreppe, auf deren Geländer die Kinder vom zweiten Stock direkt in den Keller rutschen können. Eine breite Veranda, auf der man einfach herumlümmeln, essen, spielen oder sogar Rollschuh fahren kann, windet sich um die dikken grauen Steinmauern des ersten Stockes, so daß es unten im Sommer kühl und im Winter warm ist. Die beiden oberen Stockwerke sind mit fünfeckigen Holzschindeln verkleidet, und in die Giebelseiten sind anmutige, lebkuchenfarbene Holzbögen eingelassen.

Trotz all dieser Vorteile muß der Preis niedrig gewesen sein, denn der viktorianische Stil war schon seit den zwanziger Jahren aus der Mode, und das Haus stand inmitten heruntergekommener älterer Häuser in einer ansonsten vornehmen Wohngegend mit dem Namen St. Davids, wo sich Gebäude im Neotudor- und Georgischen Stil befanden. Unser Haus wurde eingerahmt von seinem Schwesterhaus, das damals von einem bibelfesten irischen Friedensrichter und seiner Familie bewohnt wurde, und einem leerstehenden, mit grünen Schindeln gedeckten, lebkuchenfarbigen Gebäude mit zugewuchertem Garten vorn und einer riesigen, rechteckigen Grube hinten, dem Überbleibsel einer kommerziellen Pilzzucht, die sich früher über alle drei Gärten ausgebreitet hatte. Unser Haus hatte noch immer das elegante Seitengebäude mit den lebkuchenfarbenen Verzierungen, auch wenn mittlerweile im ersten Stock bereits ein Badezimmer mit einer großfußigen Badewanne und einem marmornen Waschbecken installiert worden war. Der Ofen wurde mit Kohle beheizt, und die oberen Stockwerke, die noch immer in viktorianischen Farben gehalten waren, graubraun mit braunen Verzierungen, hatten noch keine Bekanntschaft mit Isoliermaterial gemacht.

Der Einsiedler, von dem mein Vater das Haus erworben hatte, war nicht sonderlich ordentlich gewesen; meine Mutter heuerte eine Reinigungsfirma an, die Tage damit zubrachte, das Haus von oben bis unten sauberzumachen. Dann stattete sie es neu aus. Unter ihrer Anleitung halfen wir alle mit, das Wohnzimmer in einem sanften Apricot zu streichen, das die dunkelblauen Fliesen rund um den Kamin in der Ecke betonte. Wir strichen die Wände für die Ewigkeit.

Trotz der Vorkommnisse dort empfinde ich für dieses Haus noch immer nostalgische Gefühle. Die Nostalgie ist eine trügerische Emotion, die von der Sentimentalität verwässert wird, und ich weiß, daß ich mich genauso stark nach dem Optimismus der ersten Jahre dort sehne wie nach dem Haus selbst.

Jedes Kind hatte ein eigenes Zimmer, und noch immer waren zwei übrig, die man als Gästezimmer und »Familienzimmer« nutzen konnte. Die Küche war riesig, es gab eine überdachte Veranda hinter dem Haus, wo man die unterschiedlichsten Dinge über den Winter verstauen und wo man im Sommer essen konnte, und das Eßzimmer sah genauso aus, wie ein Eßzimmer aussehen muß: Es hatte zwei große Fenster, durch die die Sonne hereinschien und auf deren breiten Fensterbrettern meine Mutter immer den Brotteig gehen ließ. Wir strichen den Kaminsims in der Ecke dunkelgrün und die Wände apfelgrün, um einen Kontrast zu schaffen. Meine Mutter hängte die Gemälde meines Vaters auf und einen Holzschnitt, den sie vor der Ehe mit meinem Vater gemacht hatte – Dächer einer Stadt.

Draußen legte sie Garten um Garten an. Sie holte Glas und Steine und Unkraut aus dem Boden und grub ihn mit Torf, Schafsmist und Wasser um, bis die harte gelbe Erde weich und locker war. Entlang der Veranda pflanzte sie Rhododendren und Azaleen, Zinien und Blutende Herzen. Ihre Mutter kam, um ihr zu helfen – Emma, meine Großmutter, die grüne Finger hatte. »Spuck in die Grube«, sagte meine Großmutter, und das tat ich, direkt auf den völlig durchweichten Schafsmist, der mit einfacher Erde vermischt wurde. Dann spritzte meine Großmutter den kleinen Strauch ab, während ich rund um seine Wurzeln weiche braune Erde anhäufte und festdrückte, um dem jungen Stamm einen Halt zu geben. Wir spuckten in das Loch, um der Pflanze Glück zu wünschen.

Meine Mutter pflanzte junge Buchsbäume um den halbrunden Rasen bei der vorderen Auffahrt und vertrieb die Hunde, deren Urin sie gelb verfärbte. In die große Quarzurne in der Mitte des Halbkreises setzte sie Nelken. Im Schatten der Ahornbäume, die das Anwesen nach vorn begrenzten, wucherten schon bald üppige Dickmännchen.

Ihre Rosenbüsche blühten groß und schwer in einer sonnigen Ecke des Gartenstücks seitlich des Hauses. Wir Kinder holten immer die braungrünen Käfer herunter, die in Scharen darauf herumliefen, und sammelten sie für einen Fünfer oder Zehner in einem Glas, bis das Glas voll war.

Minze, die sich ausbreitet wie Unkraut, hatte ihren eigenen Platz am Ende der Veranda. Wicken rankten an Schnüren das Geländer der Veranda hinauf, blaßrosa und durchsichtig blau. Im Sommer pflückten wir frische Minze für unseren Eistee.

Hinter einer hohen grünen Ligusterhecke zog sich die hintere Auffahrt zu dem alten Postkutschenhäuschen aus Ziegeln hinüber. Meine Mutter wies meinen Vater und einen Freund an, den Hügel unterhalb der Auffahrt sauberzumachen und ihr beim Anlegen eines Steingartens zu helfen. Unterhalb des Hügels, auf einer glatten Fläche vor dem Postkutschenhäuschen, jäteten sie und mein Vater ein Stück Boden und zäunten es ein, um ein Gemüsebeet anzulegen. Sie verankerten den Maschendrahtzaun etwa dreißig Zentimeter tief, um die Kaninchen fernzuhalten. Die ganze Familie wurde eingespannt, um Artischocken und Spinat, grüne Bohnen und Kohl, Karotten und Gurken anzupflanzen. Außerhalb des Zaunes wuchs Rhabarber, und im Sommer reckten lange, fedrige Farnwedel die grünen Stengel aus dem Spargelbeet.

Während des Sommers pflanzten, jäteten und aßen wir. Den ganzen Sommer über und auch noch im Herbst weckte meine Mutter ein, Unmengen von rotem Gelee, der aus dem Stoffsack in der Ecke tropfte. Sie stapelte die großen Masongläser mit Tomaten und Pfirsichen und Erbsen und Bohnen auf den rohen Holzregalen im Keller.

An Sommerabenden ging ich gern hinunter in den Garten, um frische Artischocken fürs Abendessen zu schneiden, hockte mich auf die dunkle, weiche Erde zwischen all den rätselhaften Gemüsen, die zwar lebten, aber stumm waren, nur hin und wieder raschelten, wenn winzige Käfer sich durch ihr Reich wagten.

Selbst das Jäten konnte Freude machen; ein heftiger Ruck an dem störenden Kraut, nachgebende Wurzeln in der lockeren Erde, dann landete das Unkraut auf dem Haufen mit dem allmählich verdorrenden Grünzeug am Rande des Beetes. Wenn ein Beet abgeerntet war, warfen meine Mutter oder mein Vater das Unkraut darauf, damit es sich mit der reichhaltigen Erde des Komposthaufens verband.

Meine Mutter herrschte in der Küche, und ich war ihre gelehrige Schülerin. Sie machte den Brotteig; ich knetete, so gut ich es mit meinen sieben Jahren schaffte. Sie wählte die Zutaten für den Kuchenteig; ich vermischte sie mit dem großen Holzlöffel und rührte, bis die dunkle Schokolade ein Marmormuster zog, sich ausbreitete und sich schließlich mit dem fahlen Mehl und der Milch verband. Erik und ich machten zusammen die Margarine: Einer von uns riß eine Ecke von der kleinen Packung mit der Lebensmittelfarbe ab und streute sie über die kränklich weiße Gemüsepaste. Der andere mischte langsam das schillernd orangefarbene Pulver in die Masse, bis es zusammen mit dem Weiß immer fahler und fahler wurde, und schließlich blaßgelb. Wir formten die Masse zu einem rohen Klumpen und legten ihn in den Kühlschrank zum Hartwerden.

Meine Mutter wachte über das Ritual der Wandlung: Kleine harte Samen sprossen zu Pflanzen, glatter Teig kam aus dem Ofen als heißes Brot, der Rührteig wurde zum aufgegangenen Kuchen. Küchenmagie war ihre Spezialität. Mir als Kind schien sie die Wiedergeburt der Welt tagtäglich aufs neue zu garantieren.

4. Kapitel

Geheime kleine Abteile: mein Vater und seine Eisenbahn

Mein Vater brachte ein paar *K-rations* mit nach Hause nach dem Krieg, auch wenn ich mir ziemlich sicher bin, daß er selbst nie eine davon hat essen müssen. Sie waren so etwas wie eine Kuriosität, die in einem Schränkchen in der Speisekammer des alten Butlers von St. David's aufbewahrt wurde. Als ich sie eines Tages entdeckte, durften wir sie öffnen und anschauen; sie waren inzwischen schon mehrere Jahre alt. Ich liebte die vielen kleinen Behälter aus stark gewachster Pappe oder aus Blech. Das Leben meines Vaters war ohnehin voll von geheimen kleinen Abteilen: Schlafwagen in den Zügen, seine Schreibtischschubladen, das Schränkchen mit den alten Zeichenutensilien, die Taschen seines Anzuges und seiner Weste. Wenn die kleinen Abteile dann angenehm gefüllt waren, lächelte er zufrieden mit seiner Pfeife im Mund.

Die Rosenholzschubladen seines Rasierspiegels waren voll mit alten Münzen, kleinen Armeeabzeichen, einer alten Brieftasche und einem Päckchen Kondome. Dazu kamen einzelne Kragen- und Manschettenknöpfe. Die Schubladen hatten einen ganz eigenen, durchdringend-muffigen Geruch – Geheimnisse eines Mannes. Sie rochen nach altem Leder, Handcreme und alten Tabakkrümeln. Das Geheimnis meines Vaters war ein Geheimnis dunkler kleiner Schachteln und Kästchen.

Er teilte sich einen begehbaren Wandschrank mit meiner Mutter. Ihre Kleider hingen auf der dem Schlafzimmer zugewandten Seite; seine Seite war die neben dem großen Raum, den wir als »Familienzimmer« nutzten – eine Kombination aus Wohn-, Spiel- und zusätzlichem Gästezimmer. Wenn man die Tür auf der Seite meiner Mutter öffnete, sah man hinter den Tweedkostümen die dunklen

Wollanzüge meines Vaters. Er stellte seine Schuhe ordentlich nebeneinander auf dem Boden ab, jeder davon mit einem Schuhspanner aus Holz. Er pflegte seine Schuhe genauso wie alle anderen Gegenstände auch und zeigte mir, wie ich die meinen auf Hochglanz polieren sollte. Er brachte mir auch bei, zuerst eine Zeitung auf den Boden zu legen, die Schuhe feucht abzuwischen und dann mit einer Bürste die Creme aufzutragen und diese trocknen zu lassen, bevor ich sie mit einem sauberen, weichen Tuch polierte. Ich machte mir die Hände schmutzig mit Schuhcreme, und dazu auch noch die Kleider, die Zeitung und den Boden. Mein Vater hatte für meine Bemühungen nur Verachtung übrig, aber ich glaubte, daß, wenn ich meine Schuhe nur gut und ordentlich genug polierte, auch für mich etwas von dem Lob abfallen würde, das er für alle gut gepflegten Dinge austeilte. Er lobte seine zehn Jahre alten Schuhe und seine zwanzig Jahre alten, maßgeschneiderten Anzüge. Er sehnte sich nach dem Mann, der ihm während des Krieges die Uniformen gebürstet hatte; er erwartete von seiner Frau, daß sie ihm den Anzug und den Mantel bürstete, bevor er das Haus verließ, und daß sie den Anzug noch einmal bürstete, bevor sie ihn in den Schrank hängte.

Er war nicht sonderlich groß, knappe einsachtzig vielleicht; grobknochig und stämmig gebaut wie seine deutschen Vorfahren. Mit neun oder zehn Jahren konnte ich seine Wange bereits mit den Lippen erreichen, wenn ich mich auf die Zehenspitzen stellte. Er gestattete mir einen Kuß, wenn er von der Arbeit nach Hause kam, wandte den Kopf ein wenig und hielt mir die Wange hin, wie seine Mutter es immer getan hatte. Sie ließ sich von niemandem auf die Lippen küssen, weil sie das für unhygienisch hielt. Ihre Haut war weich und roch ganz leicht nach Lavendelwasser; die Haut meines Vaters, die am Abend, wenn der Bart nachgewachsen war, ganz stoppelig war, roch nach Aftershave. Er hatte einen roten Fleck, ein Muttermal, im Nacken, das teilweise verborgen lag unter den vom Friseur abgeschnittenen Haaren. Und er hatte dichtes, fast blauschwarzes Haar, das er an den Seiten kurz und oben lang trug.

Er hielt sich selbst für hartgesotten, wie die Streckenwärter der Eisenbahn, die er als Junge bewundert hatte und die die Mannschaften entlang der Schienen in Whipcord-Kniehosen und Lederstiefeln schikanierten, Tabak kauten und zielsicher zwischen die Schlafenden spuckten. Doch mein Vater war so etwas wie ein verhinderter Dandy und gab gern den kleinen Verlockungen des Lebens nach. Er bewahrte seine Havanna-Zigarren in einem mit Kork ausgeschlagenen Humidor auf dem Sideboard auf, über den Regalen mit den Spirituosen: Strega, Chartreuse, Cherry Heering, Benedictine & Brandy, Drambuie, Kirschwasser.

Solche Dinge hatte ein Gentleman immer im Haus. Mein Vater trank nicht viel, aber seiner Meinung nach gehörte es zu einem richtigen Mann, daß er Alkohol vertrug. Während des Krieges, als seine Truppen Versorgungszüge von Teheran aus nach Norden durch Persien zur russischen Grenze geleitet hatten, hatte er zahlreiche Toasts bei Essenseinladungen mit russischen Partnern unbeschadet überstanden. Wenn er etwas vom Krieg erzählte, waren es ausschließlich Geschichten von solchen Abenden. Die Toasts wurden immer mit Wodka pur begossen; es ging darum, sich am längsten auf den Beinen zu halten. Mein Vater brachte von den Russen einen Orden nach Hause, den er sich, so behauptete er jedenfalls, dadurch verdient hatte, daß er so viele von ihren Offizieren unter den Tisch getrunken hatte.

Ernsthaftes Trinken erforderte ernsthafte Vorbereitung. Als meine drei Brüder alt genug zum Trinken wurden, weihte mein Vater sie in seine Methoden ein: Man trinkt Milch und ißt Kartoffelbrei, am besten mit Sauce. Das schmiert den Magen, so daß der Alkohol ziemlich lange braucht, um in den Blutkreislauf zu gelangen. Ein Grund, warum die Russen so trinkfest waren, bestand darin, daß sie sich hauptsächlich von Kartoffeln, Fleisch und Sauce ernährten. Die Milch war eine Konzession an den amerikanischen Lebensstil.

Mich weihte mein Vater nicht in diese Geheimnisse ein; schließlich war ich ein Mädchen. Aber was Alkohol bei uns zu Hause anbelangte, hatte er ziemlich liberale Ansichten. Als wir Kinder zehn wurden, durften wir nach dem Essen einen Schluck Alkohol trinken, damit wir den Geschmack kennenlernten; als Teenager bekamen wir vor dem Abendessen einen Cocktail, wenn wir das wollten. Seiner Ansicht nach würden wir später keine Probleme mit dem Alkohol haben, wenn wir den Umgang damit bereits zu Hause lernten. In jungen Jahren nahm ich vor dem Essen gerne einen Drink und hinterher noch einen Benedictine & Brandy oder einen Drambuie zur Verdauung. Mein Vater ermutigte mich jedoch nicht, Strega zu trinken; vielleicht glaubte er, der übersüße Chartreuse sei passender für ein Mädchen.

Damals trugen die Männer Hüte; mein Vater kaufte den seinen bei J. Press in Philadelphia. Im Sommer trug er immer einen handgemachten Panama, im Winter einen Filzschlapphut, der zu seinem Anzug oder Mantel paßte. Seine Winteranzüge waren aus englischer Wolle; seine Sommeranzüge aus fein gewebter, leichter Wolle, aus Leinen oder Seersucker – bis die bügelfreien Stoffe erfunden wurden, in die er sich unsterblich verliebte. Er wusch mit Begeisterung seine durchsichtigen weißen Hemden aus, durch die, wenn er den Mantel auszog, ganz deutlich die Konturen seines Unterhemds zu erkennen waren. Nur an wirklich heißen Tagen trug er keine Weste, an der normalerweise eine Uhrkette mit einem Stück vom Grundstein der Pennsylvania Railroad hing.

Er hatte sein Herz schon früh an die Pennsy verloren, an den Stolz des Ostens, deren Twentieth Century Limited entlang der Main Line von Philadelphia durch ganz Pennsylvania zu den Allegheny Mountains dampfte und dann fast wieder an den Ausgangspunkt zurückführte, vorbei an der Horseshoe Curve nach Pittsburgh und dann geradeaus weiter nach Chicago, dem Tor zum Westen.

Das Zubehör im Innern der Abteile war aus Messing, und die Tische im Speisewagen waren mit Leinentischdecken gedeckt. Mein Vater lernte den Steward persönlich kennen, wie er schon bald praktisch jeden Schaffner, Kofferträger, Ingenieur und jeden

Bremser auf der ganzen Strecke persönlich kannte. Wenn wir einen Nachtzug nahmen, verschwand mein Vater in den Herrenklub mit den Ledersesseln und -sofas, die nur zum Teil von einem grünen Ledervorhang verborgen wurden, um sich über die Eisenbahn zu unterhalten, Geschichten zu erzählen, zu rauchen und – wer wußte das schon so genau? – die ganze Nacht Karten zu spielen mit dem Schaffner und dem Kofferträger. Als Hoch- und Tiefbauingenieur war mein Vater nicht nur ein Aristokrat unter den Männern, die mit den Händen arbeiteten, sondern auch ein Angehöriger der Brüderschaft der Eisenbahner.

Als er meine Mutter kennenlernte, war er nicht viel mehr als ein großer Junge gewesen. Auf seinen Collegefotos, sogar, wenn er seine ROTC-Uniform trug mit dem steifkragigen Uniformrock, den Wickelgamaschen und dem flachrandigen Rangerhut, wirkt er rosawangig mit seinem sensiblen Mund. Er sieht aus wie ein Junge, der seiner Verlobten Kunstbücher schickt und ihr schreibt, wie sehr er sie vermißt. (Ich weiß, daß er das tatsächlich getan hat, denn mit fünfzehn las ich die Briefe, die sie einander geschrieben hatten und die sie in einer Schublade der Frisierkommode aufbewahrten. Auch nach dem Selbstmord meiner Mutter und der Wiederverheiratung meines Vaters blieben sie dort. Er bewahrte seine Uniformen ebenfalls in einem Schrankkoffer im Keller auf.)

Er erlernte das Hoch- und Tiefbauingenieurwesen von seinem eigenen Vater, der der Ingenieursfakultät am Gettysburg College vorstand. Als mein Vater seinen Abschluß machte, gab es keine freien Stellen bei der Pennsy, also fing er als Stakeboy bei einer Aufsehermannschaft der Louisville & Nashville Railroad an. Mit seinen hohen Schuhen, seinen Wickelgamaschen und Kniehosen fuhr er auf der Tennessee/Virginia State Line in das Hinterland von Bristol. (Wenn seine Familie ihm schrieb, setzte sie beide Staaten auf den Umschlag.) Nach einem Jahr oder so zeichnete er bereits die Karten, und ein anderer trug die Begrenzungspfähle herum. Doch dann wurde er von einer giftigen Schlange gebissen, und einer von der Mannschaft schnitt ihm das Fleisch rund um die Wunde aus dem Bein. Das war genug für meinen Vater; er kündigte und fuhr nach Hause, nach Gettysburg.

Sein Herz hing nach wie vor an der Pennsy, aber noch immer waren keine Stellen frei. Inzwischen brauchte Elsie Singmaster, eine Schriftstellerin und Freundin seiner Mutter, einen Chauffeur. Sie hatte eine neue Packard-Limousine, aber sie wollte auf keinen Fall fahren lernen. Mein Vater fuhr Auto, seit er dreizehn war, denn damals hatte Sara, seine Mutter, ihren ersten Wagen gekauft. Elsie Singmaster kannte meinen Vater seit seiner Geburt, also heuerte sie ihn an, sie im südlichen Teil von Pennsylvania, bis hinunter nach Harrisburg, herumzufahren, wo sie den Susquehanna River betrachten konnte, der in den meisten ihrer Romane eine wichtige Rolle spielte. Sie fuhren nach Süden, nach Virginia und North und South Carolina. Mein Vater saß mit seinen Knickerbockern vorn auf dem lederbezogenen Fahrersitz des Packard, seine Mütze auf dem Kopf, viel glücklicher und sauberer als damals als Aufseher in Tennessee/Virginia.

Seinen ersten Job bei der Pennsylvania Railroad bekam er schließlich direkt neben den Schienen, wie er es sich als Junge immer erträumt hatte. Kurz nachdem er meine Mutter geheiratet hatte, verwaltete er die Frachtabteilung von Delaware's Eastern Shore; im Lauf der Jahre arbeitete er sich nach oben und leitete selbst Abteilungen, deren Zentren die Personen- und Güterbahnhöfe bildeten: Harrisburg, Pennsylvania sowie Indianapolis, Indiana (wo ich im Jahre 1940 geboren wurde) und kurz vor dem Krieg noch das große Washington Terminal in Washington, D. C. Als er aus dem Krieg zurückkehrte, wurde er wieder in den Osten geschickt, um von einem Büro in der Thirtieth Street Station von Philadelphia aus, einem neoklassizistischen Monument aus der großen Zeit der Eisenbahn, eine Abteilung der Hauptverwaltung zu leiten. Er war als Oberst aus der Armee entlassen worden und behielt diesen Rang auch bei den Reservisten bei; er schien auf bestem Weg, seine beiden größten Träume zu verwirklichen – General in der Armee und Vizepräsident der Pennsylvania Railroad zu werden. (Damals wurden junge ehrgeizige Männer nicht so ohne weiteres zu Vizepräsidenten ernannt; im allgemeinen gab es von diesen Posten nur sehr wenige in jedem Unternehmen, und diese Stellung war der krönende Abschluß einer erfolgreichen Karriere.)

Selbst als mein Vater in den Verwaltungsdienst überwechselte, verlor er doch nie ganz seine Liebe zum Bodenständigen, zum Duft von Schwefel und zur stählern-hölzernen Romantik der Züge. Als kleines Mädchen spürte ich diese Romantik selbst ganz deutlich. An der Main Line rannten wir Kinder immer in den Garten hinterm Haus, um den vorbeifahrenden Dampflokomotiven nachzuschauen, die eine endlose Reihe von Frachtwaggons hinter sich herzogen mit eigenen Namen, Initialen oder Insignien von Nickel Plate, C & N, B & O, Wabash und zwanzig anderen Linien, die mittlerweile schon längst der Vergessenheit angehören. Die Züge fuhren in die Ferne, und ich war ein Kind, das gerne die Luft dieser Ferne schnupperte. Ich erkannte die Herkunft von Frachtwaggons genauso, wie andere Kinder sagen konnten: »Das ist ein Ford oder ein Chevy.« Ich identifizierte mich völlig mit der Liebe meines Vaters zu seiner Arbeit und auch mit seiner fröhlichen Prahlerei, wenn er uns einen Bahnhof zeigte oder uns einem seiner Freunde aus den Dienstwagen vorstellte.

Ich erinnere mich noch, daß ich einmal in der Nacht in einem Schlafwagen auf einem der unteren Betten aufwachte, das Rollo hochschnellen ließ und draußen ein Paar Beine im Arbeitsanzug vorbeischreiten sah, daneben hin und her schwingend eine Laterne. Dabei dachte ich mir: »Mein Vater kennt diesen Mann.« Ich hielt alle Eisenbahner, die ich sah oder traf – kräftige, stämmige, freundliche, Zigarren oder Zigaretten rauchende Männer oder Speisewagenschaffner, die meist schlank und schick gekleidet und freundlich waren –, für Freunde und Beschützer.

Ich wußte nicht, was es bedeutete, Vizepräsident zu sein. Für mich war das etwas Abstraktes, Unverständliches. Mein Vater war meiner Ansicht nach direkt in den Himmel aufgestiegen, als er die Leitung der Pennsylvania Station in New York übernahm, die

Krone des Systems, den großen Kristallpalast, unter dessen gläsernem Dach sich der blaue Rauch hoch in die Luft erhob, und dazu der erstaunliche Widerhall der Lautsprecherdurchsagen: »Auf Gleis Se-echs fährt ab der Brr-oadway Limited! Newark, Tren-ton, North Philadelphee-yay, Thirthieth Street Staa-tion, Pee-o-li, Altoona, Pitts-burgh, Chicago! Bitte alles ein-steigen!«

5. Kapitel

Norwegisches Holz

Ungefähr zu der Zeit, als mein Vater Aufseher in Tennessee/Virginia wurde, war meine Mutter Agnes am Barnard College in New York und studierte Chaucer und Kunst und Geschichte. Sie war ein stilles, nachdenkliches, ein wenig nervöses Mädchen und zeigte, genau wie ihre Eltern, Geschick bei allen handwerklichen Dingen. Sie las gerne, hatte aber keine ausgesprochene akademische Begabung, und sie lebte bei ihren Eltern in Douglaston, Long Island, wo sie bereits in jungen Jahren gelernt hatte, mit den Farben und Schnitzwerkzeugen ihres Vaters und dem Ton und dem Brennofen ihrer Mutter umzugehen. Als kleines Mädchen hatte sie sich wie ein Mäuschen in das Atelier ihres Vaters geschlichen, um ihm bei der Arbeit zuzusehen und zu beobachten, wie sein Gesichtsausdruck sich mit dem wechselnden Licht und den unterschiedlichen Aufgaben änderte, denen er sich stellte. Trygve hatte eine Hakennase und einen schmalen, zusammengepreßten Mund, wenn er geduldig den Ton nach dem Vorbild des lebendigen Habichts formte, der im Atelier auf eine Stange gekettet saß. Mein Großvater war völlig vertieft in diese Arbeit; meine Mutter konnte ebenfalls dort arbeiten und ihren Klumpen Ton formen, solange sie nicht unvermittelt etwas sagte oder eine plötzliche Bewegung machte und so den Habicht erschreckte, der meinen Großvater mit der gleichen wilden Entschlossenheit und Konzentration anstarrte wie dieser den Ton.

Ihre Mutter Emma brachte ihr das Töpfern bei. Meine Mutter lernte schnell; sie schenkte ihrer zukünftigen Schwiegermutter (die ihr später die Scheidung verbieten sollte) eine wunderschön glasierte grüne Schale, die sie auf der Töpferscheibe modelliert und mit vier abgerundeten Ecken geformt hatte – eine Fruchtschale, in der das Obst an einem sonnigen Fenster vor sich hin reifen konnte.

Als meine Großmutter starb, hinterließ sie mir diese Schale. Sie steht in meiner kleinen Wohnung auf dem Tisch, unterhalb des Fensters. Manchmal lege ich Obst hinein, aber öfter landen darin alle möglichen Utensilien: ein paar Kugelschreiber, Dias, ein Gummibändchen, Wäscheklammern, ein paar Erfrischungstüchlein. Dinge, die die Schale verbergen, ihr ein ganz normales Aussehen verleihen. Aber es ist immer noch ihre Schale.

Alles, was meine Mutter über Drucke wußte, lernte sie von Trygve. 1927, also kurz nachdem sie das College verlassen und meinen Vater geheiratet hatte, fertigte sie den Holzschnitt an, der später in Pennsylvania in unserem Eßzimmer hing. Jetzt befindet er sich in meiner Wohnung in Manhattan, wo er genau hinpaßt; schließlich ist darauf die klassische New Yorker Skyline mit ihren Dächern und Wasserspeichern zu sehen, die zu Flächen und Winkeln und sanften Kurven abstrahiert sind – ein Bild, das von Sheeler und Demuth, den amerikanischen Vertretern des Kubismus, beeinflußt war. Doch im Gegensatz zu diesen Künstlern verwendete meine Mutter Pastellstifte: ein roter Wasserspeicher mit einem grünen Dach, eine blaue Regenrinne mit einem kleinen Hütchen aus Blech, Mauern in leuchtenden Orangetönen, die in strahlendes Gelb übergingen. Das Bild wirkt fröhlich; offenbar machte meiner Mutter die Kunst im Atelier ihres Vaters Spaß.

Als Kind fertigte ich zusammen mit meiner Mutter manchmal die unterschiedlichsten Dinge an. Einmal während des Krieges, als ich noch ziemlich klein war und wir in Indiana lebten, machte meine Mutter eine Stelle ausfindig, wo man frischen Ton holen konnte. Wir fuhren dorthin, und sie und mein ältester Bruder gruben ganze Spaten voll Tonerde heraus, die wir dann in einem Pappkarton nach Hause brachten. Da mein Vater nicht zu Hause war, hatte meine Mutter etwas mehr Zeit und beschloß, sich eine Töpferscheibe zu besorgen und wieder richtig mit dem Töpfern anzufangen. Davor hatte sie immer mal wieder mit uns Kindern kleine Tiere geformt, oder jedenfalls mit mir. Meine Tiere hatten kleine, knubbelige Ohren und stämmige, ein wenig krumme Beine.

Meine Mutter brannte sie ohne Glasur unter den Kohlen im Kamin; zwar waren sie an Füßen und Ohren ein bißchen verbrannt, wenn man sie wieder herausholte, aber sie waren doch richtige kleine Terrakottafiguren.

Mehr als ein Jahr konnte meine Mutter nicht am Barnard College verbringen. Meine Großeltern bestimmten, daß sie das College verlassen und sich Arbeit suchen müsse, denn Mitte der zwanziger Jahre waren die Auswirkungen der Depression bereits für viele Leute zu spüren.

Trygve und Emma unterrichteten beide: er Bildhauerei und Holzschnitzerei für Kunststudenten in Manhattan, sie Töpfern für die Frauen und Töchter der Mittelschicht in Douglaston. Sie kümmerte sich um die Buchhaltung und sorgte dafür, daß die Rechnungen bezahlt wurden. Er machte sich einen Namen als Künstler und entwarf alles mögliche, von Schutzumschlägen bis zum Trophäenzimmer der Princeton University und verschiedene Kriegs- und andere Monumente. Er schnitzte und bemalte vielfarbige Holzaltäre, fertigte Büsten norwegischer Berühmtheiten wie Amundson und Ibsen und gestaltete Wandgemälde in Hotels und Restaurants. Ein großer Teil dieser kommerziellen Aufträge wurde von Rambusch, einer namhaften Firma von Innenausstattern in Greenwich Village, an ihn weitergeleitet: üppige Holzschnitzereien für den Norse Grill im Waldorf Astoria, hübsche Bronze- oder Steintiere für die Einfahrten der Anwesen Neureicher in Southampton. Während dieser Zeit stellte er aber auch seine eigenen bildhauerischen Werke aus. Er war Künstler und Handwerker gleichermaßen und legte keinen sonderlichen Wert auf eine genaue Unterscheidung der beiden Begriffe. Als junger Mann hatte er die Ideale von William Morris' Arts und Crafts Movement begierig in sich aufgesogen, und er lebte und arbeitete in einer Zeit, in der das Kunsthandwerk fast schon den Status der hohen Kunst einnahm.

Jahrelang kamen er und meine Großmutter ganz gut zurecht; sie bauten ein Haus, mieteten im Sommer ein Cottage, schickten meine Mutter auf eine Privatschule und nach Barnard. Doch dann passierte etwas. Vielleicht handelte es sich dabei wirklich um eine reine Geldangelegenheit. Man würde meinen, daß es Mitte der zwanziger Jahre genug Arbeit gab, aber vielleicht kamen schließlich doch nicht mehr so viele Aufträge herein, und meine Großmutter verdiente auch nicht mehr genug Geld mit dem Unterrichten. Möglicherweise gab auch mein Großvater zuviel aus. Vielleicht hielten meine Großeltern das College für doch nicht so wichtig für ein Mädchen; schließlich stammten sie beide aus Norwegen, wo, wie in den meisten anderen Ländern, die Jungen bevorzugt wurden.

Nachdem meine Mutter vom College abgegangen war, nahm sie eine Stelle als Sekretärin in einer Anwaltskanzlei an. Dort verbrachte sie die nächsten fünf Jahre, bis zur Hochzeit mit meinem Vater, und tippte die Unterlagen und Dokumenten der Anwälte ab. Den größten Teil ihres Einkommens gab sie ihren Eltern, weil sie nach wie vor zu Hause wohnte, und sie verbrachte so viel Zeit wie möglich im Atelier. Falls sie unzufrieden war, zeigte sie das nicht. Sie war es gewöhnt, an zweiter Stelle zu stehen. Sie hatte bereits früh gelernt, daß die wichtigsten Dinge im Leben ihrer Mutter Trygve, ihr Haus, ihr Garten, ihre Küche und ihre Töpferei waren. Trygve beschäftigte sich vor allem mit sich selbst, mit seiner Arbeit und Emma. Meine Mutter und ihr Bruder gehörten sozusagen zum Inventar; für norwegische Familien waren Kinder nicht unbedingt das Wichtigste im Leben.

Trygve und Emma konnten auf eine lange gemeinsame Vergangenheit zurückblicken. Mein Großvater stammte aus einer großen, wohlhabenden Händlerfamilie in Arendal, einer Hafenstadt an der geschützten norwegischen Südostküste unterhalb von Christiana, wie Oslo damals hieß. Nach sechshundert Jahren Fremdherrschaft, zuerst durch die Dänen und später durch die Schweden, war Norwegen im neunzehnten Jahrhundert ein selbstgefälliges lutherisches Land, wo ein verschlossenes Wesen und harte Arbeit eine fruchtbare Verbindung eingingen. Der große Dramatiker Henrik Ibsen, dem es nicht gelang, sich in seinem Heimatland seinen Lebensunterhalt zu verdienen, lebte auf dem Kontinent, wo er Stücke über Norwegen schrieb, die seine Landsleute zutiefst verletzten. Er kam erst wieder zurück, als er so berühmt war, daß nicht einmal die Norweger es wagten, Kritik an ihm zu üben. Als alternder Künstler von hohem Rang hielt er Hof an seinem Tisch im Grand Café in Christiana. Er war noch immer höchst unternehmungslustig und betrachtete gern die jungen Mädchen, hatte zwar etliche Schlaganfälle erlitten, galt jedoch nach wie vor als Symbol moralischer Integrität, als meine Großeltern das Land verließen, um sich ebenfalls ein künstlerisches Exil zu suchen.

Trygves Großvater, der Sohn eines Polizisten, hatte die Tochter eines reichen Schiffseigentümers geheiratet, wodurch er die Möglichkeit erhielt, selbst durch den Handel ein Vermögen zu verdienen. Er schickte schwerbeladene Schiffe über das Kagerak nach Dänemark, nach Deutschland und Frankreich und England. Die Kapitäne dieser Schiffe führten sorgfältig Buch über ihre Käufe und Verkäufe und zeichneten alles in kleinen ledergebundenen Heften mit marmoriertem Papier auf. Sein Sohn Joseph, Trygves Onkel, hatte ebenfalls einen gesunden Instinkt als Händler; er eröffnete einen großen Haushaltswarenladen in Arendal. Doch Josephs jüngerer Bruder Christopher Natvig, Trygves Vater und mein Urgroßvater, war anders. Seine Familie hatte ihn nach England in die Schule geschickt, und er war als Dandy und *litterateur* zurückgekehrt, der sich nichts aus dem Eisenwarenhandel machte, den sein Vater für ihn aufgebaut hatte. Sein Verhalten wurde zum großen Skandal der Gegend. Als Teenager traf ich ein paar alte Verwandte, die sich noch immer entrüsteten über die Art und Weise, wie mein Urgroßvater auf dem Sofa lag und Gedichte las, während seine Frau mit ihren sieben Kindern Weihnachten feierte.

Meine Urgroßmutter war eine Konsulstochter aus Flekkefjord, einer Hafenstadt an der stürmischen Südwestküste. Christopher Natvigs Eltern hatten zweifelsohne gehofft, daß sie ihren Sohn wieder auf den richtigen Weg bringen würden, aber er vererbte seinen Kindern seine so ganz unnorwegischen Vorlieben, darunter auch seine Schwäche für das Leben außerhalb der konventionellen Gesellschaft von Arendal. Damals schienen sich in ganz Europa die Kulturen von Bauern, Bürgertum und Aristokratie in der Sehnsucht zu verschmelzen, Städte, Dörfer und Ghettos zu verlassen, um jetzt, am Ende des Jahrhunderts, eine neue Heimat in Amerika zu finden. Einer von Trygves älteren Brüdern, Rolf, wurde Opernsänger, heiratete eine Schauspielerin und ließ sich in Amerika nieder. Trygve schlug das Angebot aus, im Eisenwarenhandel seines Onkels zu arbeiten, und machte sich statt dessen im Alter von vierundzwanzig Jahren im Jahre 1902 auf den Weg über den »Großen Teich«.

Er lernte Emma auf dem Schiff kennen. Sie war zwanzig. »Damals tat man das einfach«, erzählte sie mir Jahre später, als ich sie fragte, warum sie sich ganz allein nach Amerika auf den Weg gemacht hatte. Ihre beiden Brüder lebten bereits in der Neuen Welt. Sie war ein zartes, elfenhaftes Mädchen mit rundem Gesicht, leuchtenden Kulleraugen und kleiner, spitzer Nase. Irgendwie wirkte sie gleichzeitig hausbacken und hübsch, vielleicht war unter ihren Vorfahren einmal ein Lappe gewesen. Ihre Familie war aus dem Norden auf eine Farm im Süden nahe Trondheim gezogen. Ich weiß nicht, ob das eine der alten Farmen oben auf einem Hügel war, die ich schon so oft gesehen habe, wo eine Gruppe von Häusern sich aneinanderschmiegt, Haus neben Scheune neben Schuppen. Im Winter schliefen die Töchter über dem Kuhstall, während die Söhne die Nacht im Speicher über dem Ofen verbrachten. Im Sommer jedoch hatten die Mädchen so etwas wie ihren eigenen Speicher über der Scheune, wo es viel Platz gab und sie sich in dem duftenden Heu frei bewegen konnten.

Ich weiß auch nicht so genau, wann meine Großmutter nach Christiana ging – ob sie es tat, um dort die Schule zu besuchen, eine Arbeit anzunehmen oder einfach nur, um an Bord zu gehen. Sie behauptete immer, sie sei früh genug dort eingetroffen, um sich zusammen mit einer kleinen Gruppe von Freundinnen, die keine Angst vor einem Flirt hatten, von Ibsen auf ein Glas Wein im Grand

Café einladen zu lassen. Doch sie verpaßte die Fackelparade, die die Frauen von Christiana zu Ehren des zurückkehrenden Autors von *Ein Puppenheim* veranstalteten. Vom Balkon des Grand Hotel aus, das sich direkt über dem Café befand, hatte Ibsen ihnen gesagt, sie sollten nach Hause gehen und sich um ihre Männer kümmern.

Doch die Frauen verließen das Land genauso bereitwillig wie die Männer. 1898 fuhr Trygves achtzehnjährige Schwester Signe, meine Großtante, nach der ich benannt wurde, als erste der Familie nach Amerika. Eine weitere Schwester namens Ebba kam immerhin bis nach Christiana, wo sie eine Pension für die Herren aus der *Storting*, dem norwegischen Parlament, führte.

Meine Mutter erbte diese Wanderlust nicht. Sie ähnelte in dieser Hinsicht eher meiner Großtante Töna, einer weiteren Schwester von Trygve, die zu Hause in Arendal blieb, um ihrem Vater den Haushalt zu führen, nachdem ihre Mutter gestorben war. Es war im neunzehnten Jahrhundert nichts Ungewöhnliches, eine Tochter auf diese Art und Weise zu opfern. Es war auch nichts Ungewöhnliches, wenn diese Tochter sich selbst opferte – Emmas jüngere Schwester zum Beispiel blieb ebenfalls zu Hause. Töna brachte den höheren Töchtern von Arendal das Korbflechten und andere schickliche Handarbeiten bei, bis ihr Vater starb, und zog dann zu Ebba in Christiana, um ihr bei der Führung der Pension zu helfen.

Auch meine Mutter wagte ihr ganzes Leben lang nie, etwas allein zu tun; das heißt natürlich, wenn man ihren Selbstmord einmal außer acht läßt. Den Freitod zu wählen bedeutet bereits, daß man gehörigen Mut hat. Auch ihre Heirat hatte vermutlich etwas mit Mut zu tun. Colette hatte schon recht, als sie schrieb, es gebe keine mutigere Tat als die einer jungen Frau, die heiratet und im Hause eines fremden Mannes lebt.

Ihre eigene Mutter hatte das nicht tun müssen; meine Großmutter und mein Großvater bauten sich zusammen ein Haus in einem fremden Land. Trygve war in Norwegen in einem großen, viereckigen, schindelgedeckten weißen Haus aufgewachsen, das gut nach Nantucket oder Martha's Vineyard gepaßt hätte. In Douglaston bauten er und Emma ein traditionelles norwegisches Haus, das innen und außen mit volkstümlichen Schnitzereien geschmückt war. Selbst die Enden der Balken waren mit Schnitzereien verziert und auch die roten Fensterläden. Sie ließen sich Zeit beim Bau, gestalteten einen Raum nach dem anderen, je nachdem, wie sie Geld hatten – natürlich begannen sie mit dem Atelier, wo meine Mutter und ihr kleiner Bruder anfangs noch in der Wanne badeten, in der normalerweise die Pinsel gewaschen und der Ton feucht gehalten wurden.

Sie waren stolz auf ihr Haus. Natürlich machte Trygve selbst die ganzen Schnitzereien. Emma gestaltete jedes freie Stückchen Boden zu einem Garten um, während Trygve oben in dem kupfergedeckten Atelier das Haus in einem sonnigen, impressionistischen Stil zeichnete und malte. In unser Eßzimmer in St. Davids hängte meine Mutter eine Pastellzeichnung der hohen Giebelwand von ihrem Elternhaus, wo sich Wicken aus den Blumenkästen im ersten Stock rankten. Meine Großmutter besaß ein Ölgemälde des imposanten Eingangsbereiches, wo der Garderobenständer über und über mit ihren eigenen Hüten und den stadtbekannten, fantastischen Kopfbedeckungen meines Großvaters bedeckt war.

Im Sommer mieteten meine Großeltern wie alle guten Norweger ein Cottage an einem See oder einem Flußufer, umgeben von einer ganzen Kolonie von Freunden, mit denen zusammen sie draußen im Freien an langen, aufgebockten Tischen unter den Bäumen aßen, Wein tranken und Spaß hatten. Auf einem Schnappschuß steht die ganze Familie, der Größe nach aufgereiht Bauch an Rükken, auf der Veranda von einer der Sommerstrandhütten. Der Bauch meines Großvaters, bedeckt von einem gestreiften Hemd, das über die knielange wollene Badehose hängt, berührt leicht die Schulterblätter seiner Frau, die unter einem Badeanzug mit Puffärmeln versteckt sind. Dazu trägt sie ein Rüschenhäubchen. Meine Mutter, die auf dem Bild ungefähr zwölf Jahre alt ist, und mein Onkel Olaf, etwa vier, haben lange wollene Hemden und dazu enge, knielange Badehosen an wie ihr Vater.

In dieser Familie war das Schauen wichtig; wie man die Dinge anschaute, die man malte oder zeichnete, wie man den Ton anschaute, wenn man ihn mit den feinen, glatten, hölzernen Werkzeugen formte, die so sinnlich in der Hand liegen. Emma und Trygve sahen ihre Kinder an und machten Bilder, die zeigen, was sie sahen: meine Mutter, mit ernstem Gesicht und weißem Baumwollkleid mit viereckigem Ausschnitt, das lange blonde Haar zusammengebunden mit einem breiten Band, das in einer Schleife endete, daneben ihr kleiner Bruder Olaf. Er sitzt geduckt auf einem Stuhl, trägt eine Strumpfhose und einen vom Emma handgestrickten Kittel. Seine blonden Haare sind zu einem Bubikopf geschnitten; er sieht aus wie ein kleiner Engel. Die Augen meiner Mutter wirken groß, sanft und wachsam. Auch ihr Mund ist sanft, doch man merkt ihm die Entschlossenheit an. Das Posieren fällt ihr nicht schwer; sie hat schon frühzeitig gelernt, was Geduld, Warten und Zurückhaltung bedeuten.

Als Norweger und Künstler war mein Großvater natürlich auch ein geborener Charmeur. Er flirtete mit den Freundinnen seiner Tochter, sobald diese alt genug waren, um wie Frauen auszusehen, und er schlief mit den Frauen der Freunde, mit denen er und Emma den Sommer verbrachten, oder mit den Frauen, die er im Village kennenlernte, wenn er dort Rambusch traf.

Emma muß von alledem gewußt haben, aber sie hatte ein stoisches Temperament, und außerdem betrachtete man in Europa, wo sie sich ihre Bildung erworben hatte, Seitensprünge als Vorrecht des Mannes. Wenn sie sich betrogen fühlte, traurig oder wütend war, zeigte sie das nicht. Sie war der Meinung, daß man das Leben genauso schön formen konnte wie Dinge, daß man Harmonie in Beziehungen und dem normalen Lauf der Tage schaffen konnte. Statt sich mit ihrem Mann auseinanderzusetzen, zog sie sich in ihre eigenen Fluchtburgen zurück. Sie konnte lange Zeit still und in Gedanken verloren dasitzen, ein gelassenes Lächeln auf den Lippen, und völlig darin aufgehen, schöne Dinge zu erschaffen.

Oder vielleicht doch nicht so völlig. Man war sich darüber einig, daß Emma und Trygve zwar beide ihr Handwerk aus Liebe zur Sache und des Geldes wegen ausübten, aber die eigentliche Kunst war etwas, was einzig und allein mit Liebe zu tun hatte und deshalb höher zu bewerten war. Als Künstler und Mann war Trygve somit etwas Besseres als Emma und durfte sich nicht mit weltlichen Dingen abgeben, während Emma als handwerklich geschickter Mensch und Frau genau jene Dinge am besten konnte.

Sie war eine starke Frau, jedenfalls was den amerikanischen Maßstab jener Tage angeht, weil sie Geld verdiente, aber zu Hause in Norwegen konnten die Bäuerinnen genauso hart arbeiten wie die Männer. Sie verdienten sich ihr Geld mit Hühnern und Eiern, ohne jedoch gleichberechtigt zu sein oder die Position der Männer in Gefahr zu bringen. Wie jede andere Frau auch sorgte Emma dafür, daß ihr Mann gut aß und nicht durch Belanglosigkeiten abgelenkt wurde. Trygve konnte alle Entscheidungen treffen, die er wollte, und sie tat, was er wünschte; wenn er leichtsinnig mit Geld umging, war es nicht ihre Aufgabe, ihm Zügel anzulegen. Dennoch hatte sie ihr Leben dem Ziel gewidmet, für sein Wohl zu sorgen, und das bedeutete auch, ihn so gut wie möglich vor seinem eigenen Leichtsinn zu bewahren. Ihre Macht als Frau schöpfte sie aus dem Wissen, daß sie unentbehrlich für ihn war.

Vermutlich mußten sie eine Hypothek aufnehmen, und außerdem mußten sie für die Schulgebühren aufkommen. Zusätzlich gab Trygve vermutlich eine ganze Menge Geld für seine Geliebten aus. Wahrscheinlich war der Grat zwischen roten und schwarzen Zahlen eher schmal. Daß meine Mutter die Schule verlassen mußte, war nur der Anfang; in den frühen dreißiger Jahren verkaufte Emma, realistisch und praktisch denkend, das Haus und suchte sich eine Wohnung.

Emma war ihrer eigenen Ansicht nach eine gute Mutter. Auf der Farm waren die Kinder ein bißchen wie Tiere aufgewachsen; man erwartete von ihnen, daß sie ihre Aufgaben verrichteten und hart arbeiteten, aber auf dem Bauernhof gab es auch eine Bedienstete und einen Knecht, also war genügend Zeit für Träume. Was die Gedanken der Kinder anbelangte und ihre Gefühle, so wurden sie ziemlich allein gelassen, abgesehen einmal von den lutherischen Gottesdiensten an den Sonntagen. Als Olaf zur Welt kam, war es selbstverständlich, daß Emma ihrer achtjährigen Tochter einen großen Teil der Aufsicht übertrug. Auf Bauernhöfen hatten immer die älteren Mädchen die Verantwortung für die kleineren Kinder. Emma und Trygve brauchten Zeit, um zu arbeiten, und Olaf interessierte sich nicht für Kunst. Einmal zerschlug er ein Gipsmodell mit einem Hammer, nur um zu sehen, was passieren würde.

Agnes war ausgesprochen verantwortungsbewußt und einfallsreich, wenn es darum ging, auf ihren kleinen Bruder aufzupassen. Sie brachte ihm das Lesen bei, indem sie ihm vorlas und ihm dabei die Buchstaben und Worte zeigte. Sie ersann kleine Spiele, um ihn zu beschäftigen; eines davon hatte zum Ziel, die meisten Buchstaben des Alphabets auf einer bestimmten Buchseite zu finden. (Später spielte sie dieses Spiel in abgewandelter Form und suchte zusammen mit meinen Brüdern nach Buchstaben auf den Verkehrsschildern. Noch etwas später überredete sie meine Brüder, dieses Spiel mit mir zu spielen, um mir das Lesen beizubringen und uns alle zu beschäftigen.)

Sie paßte sich ohne allzu große Probleme an die ästhetischen Ideale ihrer Eltern sowie deren politische Ideen an, die sich am ehesten mit dem Begriff ästhetischer Sozialismus umschreiben lassen. Sie konnte arbeiten wie ein Pferd, wie es alle Norweger können. Und sie steckte voller Ideale, die etwas mit der Reinheit von Motiven und ihrer Verantwortung, Harmonie innerhalb der Familie zu schaffen, zu tun hatten.

Doch ganz gelang es ihr nie, in die symbiotische Einheit ihrer Eltern einzudringen, die bestand, obwohl ihr Vater ein Weiberheld war. Außerdem hatte meine Mutter auch nicht die unerschütterliche Ruhe und Gelassenheit ihrer Mutter ererbt. Emma setzte sich mit unbequemen oder unangenehmen Dingen auseinander, indem sie sich in einen ästhetischen oder religiösen Raum zurückzog, der ihr ganz allein gehörte (praktisch jede mystische oder philosophische Bewegung, mit der sie in Berührung kam, übernahm sie für sich, von der Theosophie bis zur Unity-Lehre), und meine Mutter – die mit Sicherheit genauso unruhig, schwach und unberechenbar war wie andere Kinder – war vermutlich häufig die Ursache für den Rückzug ihrer Mutter.

Emmas Fähigkeit, sich von allem zu distanzieren, band Trygve an sie. Er hielt sie für die Manifestation des ewig Weiblichen, für ihn trug sie die unerschöpfliche Bereitschaft zur Toleranz und zum Vergeben in sich, von der jeder Mann träumt. Doch für meine Mutter, die sich verzweifelt nach einer Reaktion sehnte, müssen Emmas Rückzüge eine verheerende Wirkung gehabt haben. Meine Großmutter konnte gärtnern, um die Welt zu besänftigen, zu zähmen und zu kontrollieren, während Agnes friedlich neben ihr arbeitete. Emma konnte kochen, einkochen und backen und so ihre Küchenmagie an ihre Tochter weitergeben. Aber wenn sie sich zurückzog, ließ sie meiner Mutter keinerlei Möglichkeit, ihr zu folgen.

Meine Großmutter vertraute mir einmal an, daß meine Mutter ein ängstlicher Mensch ohne viel Selbstvertrauen gewesen sei, und sie deutete auch an, daß das möglicherweise der alleinige Grund für ihr Ausscheiden aus dem College gewesen sein könnte. Vielleicht stimmte das sogar. Und doch war sie eine gute Schülerin gewesen im Drew Seminary für junge Damen. Sie hatte eine Gruppe enger Freundinnen; im Sommer veranstalteten sie zusammen Picknicks und posierten für Fotos, auf denen sie an einem Bretterzaun oder gegen einen flachen Felsen im Fluß lehnten. Auf jenen Bildern wirken sie smart und gelassen, wie Menschen, die Zeit haben, ihr Leben zu planen. Sie waren vierzehn Jahre alt, als die Frauen das Wahlrecht erhielten; sie sogen den berauschenden Feminismus begierig in sich auf, der auf den Ersten Weltkrieg folgte. Sie lasen Gedichte von Edna St. Vincent Millay und Sara Teasdale und glaubten an die Zukunft der Frau.

Ich kannte meine Mutter sowohl als ängstlichen Menschen als

auch als entschlossene Perfektionistin, aber ich stellte nie eine Verbindung zwischen beidem her, kam nie auf die Idee, daß ihr Perfektionismus möglicherweise einfach nur eine Waffe gegen ihre alles vergiftende Angst war. Das Barnard College war viel härter und wettbewerbsorientierter als die Zeit vor der Hochschule, und strebsame und intelligente junge Frauen trafen sich dort, um ihren Intellekt miteinander zu messen. Vielleicht glaubte sie, sich dort nicht durchsetzen zu können, so daß das Ausscheiden aus der Schule und die Verlängerung ihrer Mädchenzeit ihr möglicherweise sogar Erleichterung verschafften. Die Werke meiner Mutter scheinen darauf hinzuweisen, daß sie sich zu Hause wohl fühlte und auch nicht ungern einen Beruf ausübte, der zwar ein wenig Intelligenz, aber nicht viel Eigeninitiative erforderte. Sie verbrachte fünf Jahre in der Gesellschaft von Anwälten, ohne einen davon zu heiraten, also scheint sie keine große Eile gehabt zu haben, etwas in ihrem Leben zu verändern.

Es gibt keinerlei Hinweise darauf, daß sie sich jemals mit dem Gedanken trug, Holzschnitte oder Getöpfertes für den Verkauf zu fertigen. Auch wollte sie dies offenbar anderen Leuten nicht beibringen. Möglicherweise lag das daran, daß das Kunsthandwerk ihrer Eltern sie enttäuscht hatte. Vielleicht hatte ihr auch das Drew Seminary den Eindruck mit auf den Weg gegeben – unter Umständen auch ihre Eltern –, daß sie eine wohlerzogene junge Dame war, für die das Töpfern und Herstellen von Drucken zwar ganz angenehme Fertigkeiten waren, sie aber ihren Lebensunterhalt niemals damit verdienen würde oder sollte.

Vielleicht wurde sie nie von jemandem ermutigt. Ihre Eltern erkannten, daß sie schüchtern, nervös und unsicher war, aber wenn jemand ihnen gesagt hätte, daß sie spezielle Förderung, vielleicht auch mehr Ermutigung bräuchte, wären sie vermutlich erstaunt gewesen. Sie hatten ihren eigenen Weg aus den Zwängen ihrer Kultur, wenn auch nicht aus denen ihrer Familie, gefunden – warum sollten sie dann von ihrer Tochter weniger erwarten? Außerdem war jetzt eine andere Zeit und ein anderer Ort. Um die Jahrhundertwende war Norwegen ein Land gewesen, das man verließ, und Amerika eines, in das man auswanderte. Meine Mutter wurde in Amerika geboren, sie sollte amerikanisch aufwachsen, einen Amerikaner heiraten und für sich den Amerikanischen Traum verwirklichen.

Und genau das wollte sie auch, zumindest zu der Zeit, als sie meinen Vater kennenlernte. Sie schien nie in Erwägung gezogen zu haben, zum Beispiel nach Greenwich Village zu gehen, sich dort ein Atelier einzurichten und all die Entbehrungen auf sich zu nehmen, denen sich ein junger Künstler oder Kunsthandwerker stellen mußte. Natürlich war das Village das Territorium ihres Vaters. Rambusch war dort, seine Cafés waren dort, seine Frauen waren dort. Wie hätte meine Mutter sich in seinem Territorium entfalten können?

Jedenfalls hatte sie die Unsicherheit des Künstlerdaseins satt. Folglich wählte sie von den Möglichkeiten, die das Leben ihrer Mutter ihr bot, die der konventionellen Hausfrau: Haus, Garten, Küche und Kinder. Als die Zeit kam, um erwachsen zu werden und das elterliche Zuhause zu verlassen, setzte sie ihre Fähigkeiten nicht einmal mehr in Form von Hobbys ein. Sie machte nie selbst etwas aus diesen Fähigkeiten, versuchte niemals, sie zu ihrem Lebensinhalt zu machen, und als sie ihr Leben dann tatsächlich selbst in die Hand nahm, hatte sie sich völlig von der Kunst abgewandt, die ihr vielleicht Lebenssinn und Kraft hätte geben können.

6. Kapitel

Deutsch-amerikanische Beziehungen

Meine Eltern heirateten im Juni 1930, in Trygves und Emmas Garten in Douglaston. Er war sechsundzwanzig, sie vierundzwanzig. Auf dem Schwarzweißfoto wirken sie klein und schlank und hausbacken. Er hat einen sehr großen Mund. Ihr Kleid ist lang und weit – ein weißes Cape mit einem langen Spitzenschleier, der um ihren Kopf geschlungen ist wie eine Mantilla. Das Jackett seines dunklen Anzugs sieht ein bißchen eng aus; legte er etwa schon damals Gewicht zu?

Sie glaubt, bei ihm Sicherheit gefunden zu haben. Sie kennt ihn erst seit ein paar Monaten, aber er hat ihr sensible Briefe geschrieben, in denen er beschreibt, wie er sie sich an der Töpferscheibe im Atelier vorstellt. Wenn er sie besucht, bringt er ihr schöne, teure Kunstbücher mit farbigen Abbildungen mit, die in Europa herausgegeben wurden. Damit beweist er ihr, daß er genug Geld hat.

Sie wurden regelrecht verkuppelt: von Elsie Singmaster, einer Freundin seiner Mutter, die mein Vater damals, 1925 und 1926, chauffiert hatte, und von Emmas und Trygves Nachbarin Althea Knickerbocker. Althea und Elsie waren schon seit langer Zeit befreundet, und als Althea von John hörte, sagte sie, er müsse Agnes kennenlernen. Ende 1929 nahm sie meine Mutter mit nach Gettysburg, und Elsie Singmaster lud sie ein, sie zu ihrer alten Freundin Sara zu begleiten, deren ältester Sohn zufällig zu Hause war.

Meine Eltern waren beide bereit zum Heiraten. Mein Vater hatte endlich eine Anstellung bei der Pennsylvania Railroad bekommen und auch eine Wohnung in Philadelphia. Er fuhr oft nach Hause, um seine Mutter zu besuchen; für ihn war es selbstverständlich, schnell einen Zug nach Gettysburg zu nehmen, denn schließlich war er ein guter Sohn.

Meine Mutter wollte für die anderen Leute etwas darstellen. Und für eine Frau war der übliche Weg damals der, Hausfrau und Mutter zu sein. Dann nahm man sie als Erwachsene ernst; sie hatte in der Welt etwas zu sagen. Sie würde eine Tochter bekommen, die das College beenden könnte. Sie wollte einen Mann mit einem regelmäßigen Einkommen, einen Mann, der sparsam und treu war. Mein Vater mit seiner Anstellung bei der Eisenbahn und seinem Ehrgeiz, seiner Integrität und seiner guten Familie muß ihr vorgekommen sein wie der sprichwörtliche Prinz aus dem Märchen.

Nach ihrem Besuch in Gettysburg kehrte sie zurück nach Douglaston. An den Wochenenden fuhr mein Vater zu ihr hinauf. Er führte sie zum Abendessen, ins Kino und Theater aus. Sie zeigte ihm die Kunstgalerien; er hörte ihr zu, wenn sie beim Tee oder beim Abendessen über Kunst sprach, über die Dinge, die sie gerne ansah oder selbst fertigte. Natürlich glaubte sie, daß ihre künstlerische Sensibilität das gemeinsame Leben mit ihm formen würde. Sie glaubte, daß mein Vater ihre Ansichten teilte und ihren Stil schätzte; schließlich schrieb er ihr einfühlsame Briefe und schenkte ihr Kunstbücher, und außerdem gab es noch seine Familie. Sein Vater Frank war ein kultivierter Mensch, der am Gettysburg College nicht nur Kunst, sondern auch Ingenieurwesen unterrichtete, und das anmutige Backsteinhaus am Rande von Gettysburg war mit schönen Antiquitäten eingerichtet.

Doch diese Möbel waren sozusagen nur geliehen. Sara war im Antiquitätenhandel tätig und kaufte und verkaufte Wedgwood-Porzellan und Chippendale-Sofas. Sie hatte einen ausgezeichneten Geschmack und gern schöne Dinge um sich, aber sie hatte auch keine Skrupel, das Sofa im Wohnzimmer für einen guten Preis zu verkaufen. Sie war bekannt für ihr scharfes Auge, ihren noch schärferen Verstand und ihre gute Ware.

Mein Großvater Frank hingegen machte sich ziemlich wenig aus Geld. Er war ein Gelehrter und ein Träumer, der sprichwörtliche zerstreute Professor. Sara interessierte sich für sein Interesse an der Kunst genauso wenig wie für seine geschäftlichen Ratschläge – einmal sagte sie sogar, sie mache grundsätzlich genau das Gegenteil von dem, was er ihr rate.

Als sie Frank kennenlernte, war dieser ein brillanter, frühreifer zweiundzwanzigjähriger Dandy, der gerade erst mit einem Doktortitel in Astrophysik von der John Hopkins University abgegangen war. Allerdings hatte er beschlossen, sich diesem Gebiet nicht weiter zu widmen. Vielleicht gab es damals, 1898, noch nicht allzu viele Stellen in einer Sparte, die extrem exotisch anmuten mußte. Oder vielleicht schlug auch die Familientradition durch, in der der praktische Nutzen immer großgeschrieben wurde. Sein Vater, ein lutherischer Pastor, war ein dynamischer Mensch, der sich sehr für Politik interessierte. Er hatte ein College gegründet, das er nun leitete, und stand der Pennsylvania Lutheran Synod vor. Frank war der älteste von vier Söhnen; sein Vater mochte akademische Weihen vielleicht tolerieren, sie möglicherweise sogar fördern, aber mit Sicherheit hätte er die Stirn gerunzelt über eine Tätigkeit, die nichts mit dem praktischen Leben zu tun hatte. Es ist nicht so ganz klar, ob mein Großvater die Astrophysik gezwungenermaßen aufgab, jedenfalls beschäftigte er sich überhaupt nicht mehr damit; statt dessen ging er nach Carthage, Illinois, um Mathematik am Carthage College for Women zu unterrichten. Dort lernte ihn Sara Baker kennen und beschloß, ihn zu heiraten.

Möglicherweise verwechselte sie seine akademischen Leistungen mit Ehrgeiz, aber er selbst hatte keine sonderliche Eile, Karriere zu machen. Er unterrichtete nur ungern Frauen, also absolvierte er noch ein weiteres Studium, und zwar Hoch- und Tiefbau. Damals, so erzählte mir mein Onkel, gehörte es mit zu den interessantesten Dingen, Eisenbahnbrücken zu bauen. Ich weiß nicht, ob mein Großvater es jemals bereute, die esoterische Schönheit der Physik gegen die bodenständigere Schönheit – und die Macht – der Stahlkonstruktionen eingetauscht zu haben, aber auf seine Weise begann er nun, ein praktisches Leben zu führen. Er arbeitete für die American Bridge Company in Chicago und heiratete schließlich 1903 Sara Baker. Sie erinnerte ihn an seine Mutter.

Auch seine Familie ging nicht gerade zimperlich mit Frauen um; die deutsche Tradition unterschied sich in dieser Hinsicht nicht allzusehr von der skandinavischen. Die Männer der Familie kümmerten sich hauptsächlich um ihre Arbeit, nur selten um andere Menschen, nicht einmal um ihre eigenen Kinder. Sie gingen ihre eigenen Wege und erwarteten von ihren Frauen, daß sie ihnen nachfolgten, aber eine starke Frau tat für gewöhnlich doch das, was sie wollte. Als Sara Frank heiratete, sagte seine Mutter zu ihr, daß sie, wenn sie darauf Wert lege, ihr Leben selbst in die Hand nehmen müsse, denn Frank würde ihr dabei nicht helfen.

Die rothaarige Sara war ein Nachzügler gewesen, die von den nicht mehr ganz jungen Eltern und dem Großvater unglaublich verwöhnt wurde, was dazu führte, daß sie gewöhnlich tat, was sie wollte. Sie stammte aus einer Familie mit starken und entscheidungsfreudigen Personen, die vor der Revolution nach Amerika ausgewandert waren. Einige waren zusammen mit Amerikanern der ersten Generation in Illinois als Pioniere unterwegs gewesen, und Saras Großmutter war mindestens mit zwei bekannten Indianerhäuptlingen befreundet. Ihr Großvater Archibald Dorothy, ein Viehhändler, hatte seinen Lebensunterhalt verdient, indem er Longhorns kaufte, die den Chisholm Trail von Texas zum Endbahnhof von Kansas getrieben wurden. Er trieb sie dann weiter durch Missouri und ließ sie durch den Mississippi River nach Carthage schwimmen, wo er sie wieder verkaufte; er starb neunundsiebzigjährig an einer Erkältung, die er sich bei einer Flußdurchquerung im Winter geholt hatte.

Sara folgte dem Rat ihrer Schwiegermutter. Als Frank begann, für seinen Onkel in Chambersburg, Pennsylvania, Stahlbrücken zu konstruieren, begann Sara eine Lehre bei einem örtlichen Antiquitätenhändler. Er brachte ihr bei, den Wert der Stücke zu schätzen, und als ihr Mann 1915 für Bethlehem Steel zu arbeiten begann, eröffnete sie ihren ersten Laden. Sie machte sich auf die einzige Weise unabhängig, die in ihrer Familie zählte – finanziell. Wie meine Tante sagte: Sara traf ihre Entscheidungen selbst.

Sie entwickelte allmählich eine gewisse Verachtung für das Desinteresse ihres Mannes an weltlichen Dingen und brachte ihren Söhnen bei, sich mit der praktischen Seite des Lebens zu befassen. Sie erwartete eine ganze Menge von ihnen. Mein Vater war vierzehn, als die Familie von Bethlehem nach Gettysburg zog. Während der Ferien nahm er eine Arbeit als Bote im Stahlwerk von Bethlehem an und fuhr mit dem Fahrrad an den kilometerlangen Schuppen entlang des Lehigh River vorbei, an den riesigen offenen Kaminen, aus denen kirschrote Ströme von geschmolzenem Metall flossen, vorbei an den schwitzenden Polen und Iren, die lachten oder im Spaß vor sich hinfluchten und ihn mit Botschaften zum Vorarbeiter schickten. Für ihn war das genau das richtige, er empfand die Tätigkeit nicht als Arbeit.

Es hätte nicht viel Sinn gemacht, diesen guten Ferienjob aufzugeben, als seine Familie wegzog. Meine Großmutter bestimmte, daß mein Vater bis zum Herbst in Bethlehem bleiben sollte, und so zog er den restlichen Sommer in eine Pension. Er war stolz auf seine Unabhängigkeit – wie ein richtiger Mann, aber er hatte nicht die finanziellen Mittel eines Mannes, und an den Abenden war er einsam: Er konnte nur in der Bibliothek lesen oder in seinem Zimmer. Er trat in den CVJM ein und besuchte Vorträge zum Thema, wie man mehr aus sich machen konnte. Manchmal ging er schwimmen, aber nach einem ganzen Tag auf dem Fahrrad hatte er keine große Lust mehr auf körperliche Anstrengungen. Er versuchte es mit allen möglichen Religionen, außer der katholischen, und entschied sich schließlich für die methodistische, auch wenn er eigentlich Lutheraner war. Nach der Messe unterhielt er sich mit dem Pastor und machte einen ausgezeichneten Eindruck; und so wurde er zum sonntäglichen Abendessen eingeladen.

Später wurde klar, daß mein Vater diesen Sommer als verlorene Zeit betrachtete. Er sprach so darüber, als seien diese Monate so etwas wie eine apokalyptische Erfahrung gewesen, ja fast schon mythisch: Mit vierzehn hatte er sein Zuhause verlassen müssen, um in einer fremden Stadt zu leben und zu arbeiten. Immer wieder erzählte er später von diesen Monaten, von dem harten Leben, das er seinerzeit führte: »Ich konnte damals nicht einfach tun und lassen, was ich wollte«, sagte er, wenn er sich wieder einmal darüber ärgerte, wie verweichlicht und privilegiert ich als Mädchen aufwuchs. »Ich habe mir mein Leben immer hart erarbeiten müssen.«

Geld war ständig der Auslöser für solche Klagen. Er setzte Geld damit gleich, genügend Dinge zu haben – Macht, vielleicht auch Potenz –, die einem gehörten. Die Forderung nach Geld oder die Verschwendung seines Geldes durch andere, besonders durch Frauen, erschien ihm wie der Versuch, ihm einen Teil von sich zu rauben.

Während meines ersten Studienjahres kaufte ich eine Schachtel mit Briefpapier, nachgemachtes Pergament mit aufgeprägtem Collegesiegel. Es war nicht teuer – es kostete, glaube ich, einen Dollar, etwa soviel wie acht Dollar heute. Meinen ersten Brief nach Hause schrieb ich auf diesem Papier, stolz darüber, ein gutes College zu besuchen, darauf bedacht, einen guten Eindruck zu machen.

Als Antwort bekam ich einen maschinenschriftlichen Brief meines Vaters, der mir bittere Vorwürfe machte, daß ich sein Geld für teures Briefpapier hinauswürfe, obwohl ich doch genausogut einen billigen gelben Notizblock hätte verwenden können. Er hätte hart gearbeitet für sein Geld; es würde Zeit, daß ich den Wert des Geldes kennenlernte und aufhörte, mein Taschengeld für sinnlosen Luxus auszugeben. Natürlich hatte er diesen Brief auf Papier getippt, auf dem sein eigener Name und seine Adresse aufgedruckt waren.

Lag dieser Hang zum Luxus in der Familie, oder handelte es sich dabei lediglich um eine Schwäche meines Vaters? Da wäre noch die Geschichte meiner Großmutter Sara und ihrer Schwiegermutter Liberty Hollinger zu erzählen, die damals den Rat gegeben hatte, eine junge Frau müsse ihr Leben selbst in die Hand nehmen. Als Sara und ihr jüngerer Sohn, mein Onkel, ein paar Tage bei ihr zu Besuch waren, sah Liberty, wie Sara ein Paar Socken ihres Sohnes wusch. »Hör doch auf, die Seife so zu verschwenden«, sagte Liberty mit gebieterischer Stimme. Daraufhin packte Sara ihre Siebensachen und ihren Sohn und reiste wieder ab.

Natürlich war damals alles schwieriger, und es gab weit weniger Konsumgüter, so daß man viel schneller wegen einer so alltäglichen Sache wie einem Stück Seife neidisch werden konnte. Ich erinnere mich daran, daß Sara sogar noch als alte Frau Seifenreste nutzte, indem sie sie in ein kleines Sieb steckte, das man dann beim Abwaschen in der Zinnspüle voll heißem Wasser schwenkte.

Es stimmt auch, daß mein Vater aus einer Familie stammte und in einer Zeit aufwuchs, wo man weder über die Liebe noch über andere persönliche Gefühle sprach. Was zählte, war das Benehmen, und dazu gehörte ein ausgeklügeltes System von Tabus und Beschränkungen, die auch verbalisiert wurden. Mein Vater gab die folgenden Aussprüche, die mittlerweile schon zu den Klassikern der protestantischen Sozialphilosophie in Amerika zählen, an uns weiter:

»Fange nie einen Satz mit ›ich‹ an, am allerwenigsten in Briefen.«

»Dein Name sollte nur dreimal in der Zeitung auftauchen, und zwar bei deiner Geburt, bei deiner Hochzeit und bei deinem Tod.«

Jahrelang kämpfte ich gegen das erste Gebot an; mir war nie so recht klar, wie man es befolgen konnte, ohne sich in eine vage, recht allgemeine Formulierung wie »man sagt, daß ...« zu flüchten, ein Briefanfang, den mein Vater tatsächlich benützte. Das Schöne an solchen verbalen Verrenkungen lag und liegt für meinen Vater genauso wie für Unternehmungen und Behörden darin, daß man so Autorität zeigen kann, ohne Verantwortung übernehmen zu müssen. Der eigentliche Zweck dieser Stimme besteht darin, Furcht und Respekt einzuflößen, und das gelang meinem Vater auch, zumindest bei mir.

Doch diese Vorgabe hat noch andere, möglicherweise unheilverkündendere Untertöne: Wenn man einen Satz nicht mit »ich« beginnen darf, kann man sich auch selbst nie an die erste Stelle setzen. Dieser Ratschlag mag richtig sein für einen Mann, der sich an eine Frau oder ein Mädchen wendet, von dem er uneingeschränkten Gehorsam und Unterstützung erwartet, aber für meine Mutter und mich war er alles andere als richtig. Auch die Folgen waren alles andere als angenehm: Wenn man sich selbst nie an die erste Stelle setzen kann, kann man sich auch nicht entsprechend ausdrücken. Das bedeutet, daß Kunst letztlich nicht mehr möglich ist.

Mittlerweile habe ich beide Gebote natürlich schon oft gebrochen. Heutzutage, wo Publicity die einzige Voraussetzung für Berühmtheit ist, wollen Kinder plötzlich berühmt werden, die sich früher für einen bodenständigen Beruf wie Feuerwehrmann oder Boxer entschieden hätten. Und heutzutage, wo Publicity oder jedenfalls die Vorstellung davon für fast jeden selbstverständlich ist, klingt der Kodex meines Vaters ziemlich lächerlich. Sich danach zu richten würde eine gewaltige Selbstverleugnung bedeuten und dazu noch den fälschlichen Glauben, einer ausgestorbenen Rasse anzugehören, einer Familie oder Gruppe, die keinerlei Anerkennung durch die Außenwelt braucht.

Genauso sah mein Vater auch unsere Familie und unsere Schicht, die real der *haute bourgeoisie* angehörte, seiner Ansicht nach jedoch weit darüber anzusiedeln war. Er betrachtete uns als die sich selbst genügende Aristokratie von Verstand, Geschmack und Stoizismus und gab dieses Bild an uns weiter. Natürlich ist diese Einschätzung attraktiv, wenn man selbst zu der betroffenen Gruppe gehört, aber sie ist auch selbstzerstörerisch. Sie kann zu einer einseitigen Reaktion auf die gesellschaftliche oder emotionale Komplexität des Lebens führen: zu einem Rückzug in die Festung der hohen Selbstwertschätzung. Zusammengenommen verbieten das Bild und der Kodex nicht nur die Anpreisung des eigenen Ichs, sondern auch jede Forderung nach Anerkennung, sogar solche, die für das Überleben völlig normal und wichtig sind. Am Ende steht eine emotionale Isolation, die sich als aristokratischer Hochmut gibt.

Es wundert mich, daß meine Großmutter Sara dieses Gebot gegen die Publicity nicht brach, wo sie doch in der Gegend sehr bekannt war und eine Schwäche für Gerüchte hatte. Die Nachbarn hielten sie wohl für etwas Besonderes; zu einer Zeit, wo die meisten

Frauen den ganzen Tag zu Hause verbrachten, um ihre Pflichten zu erledigen, erhitzte sie den Stein unter ihrem Kochtopf und fuhr zu den Antiquitätenmärkten der Gegend, während die Speisen vor sich hingarten, und sie kehrte rechtzeitig nach Hause zurück, um das fertige Essen auf den Tisch zu bringen. Sie verwaltete nicht nur die Familienfinanzen, sondern auch ihr Haus, ihre zwei Söhne und ihr Geschäft.

Hatte sie auch ihren Mann im Griff? Jedenfalls schätzte sie ihn nicht sehr hoch. Als die beiden älter wurden, nannte sie ihn ein »altes Weib«, weil Leute, deren Auto eines Nachts vor dem Haus meiner Großeltern kaputtgegangen war, ihn für eine Frau gehalten hatten. Sie klopften an die Tür, und mein Großvater, der nicht groß und damals auch schon ziemlich zerbrechlich wirkte, öffnete in Nachtrock und altmodischer Nachtmütze die Tür.

Frauen diskreditieren Männer für gewöhnlich aus Frustration oder Enttäuschung. Wenn meine Großmutter meinen Großvater anfangs noch für den neuen Typus dynamischer Mann gehalten hatte, den das neue Jahrhundert hervorbrachte, dann war sie jetzt mit Sicherheit enttäuscht. Der dynamische Teil in der Familie war mit Sicherheit sie selbst. Da sie freie Hand hatte, ihr Geschäft und den Haushalt so zu führen, wie sie wollte, war sie möglicherweise völlig zufrieden mit ihrer unorthodoxen Ehe, aber sie hatte weit striktere Vorstellungen und weit weniger Phantasie als eine Frau, die sich meinen Großvater zum Mann wählte, eigentlich hätte haben dürfen. Insgeheim war sie wohl nicht nur mit ihrem Mann, sondern auch mit sich selbst unzufrieden, weil sie sich vermutlich wünschte, er möge auf eine ebenso praktische und bodenständige Art und Weise stark sein wie sie selbst – eine Stärke, wie sie ohnehin eher den Männern als den Frauen zugeschrieben wurde. Sie beherrschte ihn nicht, auch wenn er sich eher zurückzog, als sich ihr zu stellen.

Mein Großvater Frank konnte sieben Sprachen lesen, darunter auch Sanskrit, und er befand sich lieber in Gesellschaft von Büchern als in derjenigen der örtlichen Gentry – vielleicht sogar lieber als in der Gesellschaft seiner Frau. Er war bekannt dafür, daß er mitten in einer Unterhaltung plötzlich ohne ein Wort der Entschuldigung aufstand und sich in sein Arbeitszimmer zurückzog, das verbotene Zone war, sogar für Sara. Auch in anderer Hinsicht war er exzentrisch; er war nach Gettysburg gekommen, um am dortigen College Ingenieurwesen zu unterrichten. Hatte dann jedoch mehr Spaß an dem Kunstgeschichtekurs, den er begonnen hatte und bei dem er die Farbreproduktionen verwendete, die er von Europa mitgebracht und selbst auf Pappe aufgezogen hatte. Vermutlich war er der einzige erwachsene Mann in der ganzen Stadt, der Pfeilspitzen sammelte. Meine Großmutter zwang ihn, seine Sammlung in einem kleinen Speicherraum hinter dem Arbeitszimmer aufzubewahren, zusammen mit seinem geliebten Tomahawk, dessen eierförmige Steinklinge mit einem schmutzigen Stück ungegerbtem Leder an dem Weidenholzstiel festgemacht war.

Es ist nicht so ganz klar, woher mein Großvater seine Gewohnheiten hatte; innerhalb einer feinen, wenn auch ein wenig phlegmatischen Familie scheint er der Außenseiter gewesen zu sein. Der erste Patriarch dieser Familie, Johan Jacob, war 1749 zusammen mit seinen Handwerkerssöhnen von Deutschland nach Pennsylvania gekommen. Die Überfahrt war für alle Familienmitglieder im voraus bezahlt worden, was bedeutete, daß sie wohl etwas Geld gespart haben mußten. Außerdem kauften sie auch von William Penns Söhnen Land im Adams Country. Zwei von Johans Söhnen kämpften in der Revolution mit; der jüngere von ihnen, mein Urururururgroßvater, ein Weber, kam vielleicht sogar dabei um.

Die Familie bestellte das fruchtbare Land nördlich und südlich von Gettysburg vier Generationen lang. Dann erst konnte diese Familie, wie mein Onkel es ausdrückte, den Zehnten in Form eines Sohnes zahlen: Jacob Abraham, Franks Vater und mein Urgroßvater, wurde lutherischer Pastor, und nach einer langen, erfolgreichen Karriere kam er wieder zurück nach Gettysburg, um am Theological Seminary, oben auf dem Höhenzug, der durch die Schlacht von Gettysburg berühmt geworden war, zu unterrichten.

Jacob Abraham war ein mächtiger Patriarch. Frank machte seinen Abschluß am Midland College in Nebraska, während sein Vater dieser Hochschule vorstand, genau, wie mein Vater seinen Abschluß später in der Zeit von Franks Leitung machte. In der Familie hieß es, Frank sei nach Gettysburg gezogen und habe dort unterrichtet, nur weil Jacob Abraham wollte, daß er wieder nach Hause käme.

Ein Mann, dessen Vater solche Macht besaß und dessen Macht direkt von Gott kam, war seinen Söhnen gegenüber verständlicherweise zurückhaltend; vielleicht distanzierte sich Frank aber auch einfach nur von seinem Vater und seinem Onkel wie von allen anderen Menschen. Damals erzogen die Eltern ihre Kinder, die im zwanzigsten Jahrhundert würden leben müssen, nach spätviktorianischen Grundsätzen; selbst wenn die Väter nicht distanziert sein wollten, waren sie es doch meistens.

Betrachteten die Söhne meinen Großvater als mächtig? Vermutlich war es für beide nicht ganz leicht, den Leiter des Instituts, an dem sie ihren Abschluß anstrebten, als Vater zu haben. Ein Sohn, der den Beruf seines Vaters ergreifen möchte, stellt eine Herausforderung dar; ein Vater, der diesen Sohn unterrichtet und seine Examina korrigiert und benotet, bewertet ihn unter Umständen strenger als andere Studenten. Mit Sicherheit erwartet er mehr von ihm. Doch gegen all das standen die Weltgewandtheit und die finanzielle Unabhängigkeit meiner Großmutter sowie ihre lebhafte Abneigung ihrem Mann gegenüber. Einem Sohn, der etwas über das Verhältnis von Mann und Frau erfahren wollte, muß das alles sehr verwirrend vorgekommen sein.

Mein Vater und mein Onkel suchten sich Frauen mit einer konventionellen Neigung zu häuslichen Tätigkeiten, die sie dominieren konnten; sie übernahmen außerdem die protestantische Ethik meiner Großmutter, daß der Sinn des Lebens darin bestehe, Geld zu verdienen und sich seinen Lebensunterhalt zu verdienen. Alles, was darüber hinausging, galt als Maßlosigkeit, und Maßlosigkeit war moralisch verwerflich. Mein Großvater, der sich selbst für den praktischen Aspekt der beruflichen Laufbahn und der Ehe entschieden hatte, unterstützte vermutlich den Gedanken, daß es wichtig sei, sich seinen Lebensunterhalt zu verdienen, auch wenn er wahrscheinlich nicht allzu beeindruckt war von der Bedeutung des Geldes und den Gefahren der Maßlosigkeit.

Seine Söhne hatten die Verachtung ihrer Mutter für die Interessen meines Onkels im Blut. Er war ein begabter Fotograf, der jahrelang seine eigene Dunkelkammer hatte, seine Arbeit jedoch fast immer herabwürdigte, obwohl vieles davon hervorragend war. Er fühlte sich zwar, wie auch der Rest der Familie, allen anderen Menschen überlegen, wurde aber Landarzt und widmete sein Leben den Patienten, die er gleichzeitig verachtete und beneidete wegen ihres unkomplizierten, eintönigen Lebens.

Mein Vater, der harte Kerl in der Familie, hatte, wie seine Mutter, einen ausgesuchten Geschmack. Als er während des Zweiten Weltkrieges aus Persien nach Hause zurückkehrte, brachte er meiner Mutter und mir wunderschönen filigranen Silberschmuck und orientalische Teppiche mit. (Ich war damals erst vier Jahre alt, also bekam ich nur einen winzigen Bokhara-Gebetsteppich. Meiner Mutter schenkte er einen Queen Sarouk feinster Qualität.) Er brachte Lackschächtelchen mit winzigen persischen Miniaturen mit, Emaille auf Elfenbein, Szenen mit Jägern, die gerade ihre Bogen spannen, langberockte Höflinge, anmutig im Profil; außerdem noch glasierte Elfenbeinarmreifen und zarte Mokkatassenlöffel aus Silber und ein hübsches Erinnerungsstück aus der Armee: ein kleines, zartes Taschentuch aus Seide, bestickt mit dem Emblem der Persian Gulf Command – ein grünes Schild mit einem roten Stern und einem Halbmond.

Doch bei all diesen Dingen handelte es sich auch um ganz normale Handelswaren – Gaben, die man unberechenbaren Einheimischen mitbrachte, um sie milde zu stimmen. Für meinen Vater hatte Geschmack etwas mit der Einstellung des britischen Gentlemans im neunzehnten Jahrhundert zu tun: Für einen Mann von Welt war er von beträchtlichem Wert, selbst wenn der reale Gegenwert nur gering war. Geschmack war nur wichtig bei der Ausstattung des Zuhauses oder beim Kauf von Geschenken für die Frau oder bei der Bestellung von Anzügen beim Schneider. Eine Ästhetik, die dazu diente, das ganze Leben oder zumindest einen Teil davon bunter zu gestalten, nahm man nicht ernst. Die Freude, die man daraus gewann, war auf lange Sicht ohne Bedeutung, ja sogar verdächtig.

Mein Vater, der Sohn eines Intellektuellen, glaubte vor allem an »männliche Härte«. Was die Literatur anbelangte, kam er über Kipling nicht hinaus; er hatte keine Zeit für die Malerei oder die Dichtkunst oder die liberale Politik oder den Feminismus, die Dinge also, die meiner Mutter wichtig waren. Er vertraute den Zahlen, glaubte, daß sie nicht logen, war der Meinung, daß Worte, die keine nachweisbaren Fakten wiedergaben, falsch waren. Er hielt sich für unfähig, Statistiken zu verfälschen. Komplexe Probleme der Identität und Politik versuchte er durch seine Predigten zu bewältigen. Obwohl er sich als Gentleman des neunzehnten Jahrhunderts gab, gehörte er doch dem frühen zwanzigsten Jahrhundert an, vertrat die Einstellung der meisten Amerikaner gegenüber der Arbeit und träumte wie sie den Traum vom Tellerwäscher, der Millionär wird, auch wenn man nicht als Tellerwäscher gearbeitet hat. Seine Leidenschaft gehörte der Arbeit und dem Geld, der Eisenbahn und seinem eigenen Ehrgeiz. Er war entschlossen, genau der Mann zu sein, den seine Mutter ernst nehmen würde – hart, mit einem Sinn fürs Finanzielle, ein fähiger Geschäftsmann. Ein Republikaner.

Obwohl er denselben Beruf wählte wie sein Vater, machte er doch etwas ganz anderes daraus. Mein Großvater hatte Brücken entworfen; mein Vater sorgte für die Wartung. Mein Großvater hatte sich auf einfallsreiche Lösungen für schwierige Aufgaben auf der ganzen Welt spezialisiert: Das Material für eine Eisenbahnbrücke in Peru mußte zum Beispiel von den Männern zu Fuß über die Berge transportiert werden. Also entwarf er eine Brücke, die ausschließlich aus fünfzig Pfund schweren Teilen bestand. Mein Vater hatte nichts mit solchen Aufgaben zu tun; er hielt die Schienen und die Fahrzeuge in Ordnung und kümmerte sich um die Fahrpläne, damit die Züge pünktlich fuhren. Er entschied sich für die Laufbahn eines Mannes der Wartung und Kontrolle.

Aber er machte gleichzeitig meiner Mutter den Hof, also hörte er auf das, was sie über Kunst zu sagen hatte, oder tat zumindest so. Er schickte ihr Briefe und schenkte ihr Bücher. Aber insgeheim verachtete er die ästhetischen und sozialistischen Ideale ihrer Familie, weil sie keinen praktischen Wert besaßen. So wie er es sah, rettete er meine Mutter vor einem trüben Dasein als Sekretärin in einem Anwaltsbüro, vor einem Vater, der es nicht einmal schaffte, sie finanziell in angemessener Form zu unterstützen. Er selbst konnte ihr finanzielle Sicherheit und die Position der Ehefrau eines erfolgreichen Mannes bieten. Natürlich konnte man ihn noch nicht erfolgreich nennen – schließlich war die Stellung, die er mit Mühe und Not noch kurz vor der Depression bekommen hatte, recht unsicher. Aber er war ehrgeizig, und er glaubte an seinen Erfolg.

(Die Tatsache, daß sein Schwiegervater es nicht geschafft hatte, seiner Tochter das College zu finanzieren, bereitete ihm noch lange Kopfzerbrechen. Bei seinen eigenen Kindern bestand er darauf, die Collegezeit zu bezahlen, es sei denn, sie waren so gut, daß sie Stipendien bekamen. Als ich fragte, ob ich bei meiner Anmeldung zum College um eine finanzielle Beihilfe bitten solle, sagte er: »Nein, dazu verdiene ich zuviel Geld.« Man merkte dabei genau, daß er von allen anderen halbwegs erfolgreichen Männern einen ähnlichen Standpunkt erwartete.)

Wenn er mit meiner Mutter über die Eisenbahn sprach, konnte er sich richtig begeistern. Er liebte diese Institution und alles, was dazugehörte, liebte die wundervollen Pullmans, die rohe Kraft der großen Dampfmaschinen, den sauberen, beißenden, öligen Geruch und den mattblauen Schimmer des Stahls.

Er genoß auch das Regiment über die Männer und liebte die Kameradschaft. Seine Männer mochten und achteten ihn, erzählte er meiner Mutter, und das stimmte auch. Später konnte sie sich mit eigenen Augen davon überzeugen. Er wußte, wie er mit ihnen reden, wie er mit ihnen umspringen mußte, daß er ihnen nicht zu nahe kommen durfte, aber gleichzeitig bei ihren Scherzen mitmachen, Whisky trinken und Karten spielen mußte. Er hatte fest im neunzehnten Jahrhundert verankerte, bisweilen fast schon sentimentale Anschauungen, was das Klassensystem und die Verbindung zwischen den Klassen anbelangte, wenn sie zusammen an einem gemeinsamen Projekt arbeiten mußten wie Offiziere und einfache Soldaten in einem Krieg.

Mein Vater unterhielt sich mit meiner Mutter über all diese Dinge, und sie dachte dann an ihren eigenen Vater in seinem Atelier, an den Ton und die Holzwerkzeuge und an die Gießerei mit der fließenden Bronze, die die Form von Vögeln und anderen Tieren und menschlichen Köpfen annahm, und sie dachte an die beiden Männer, wie sie unterschiedliche Dinge auf so ähnliche Weise liebten.

Weder sie noch mein Vater sprachen je über die starke Neigung beider Männer, zu kontrollieren, zu formen, zu dominieren – Gegenstände, andere Männer, und, wenn möglich, alle Frauen. Meiner Mutter muß diese Dominanz gefallen haben, und zwar an beiden Männern. Ihr muß sie wie eine Form der Liebe erschienen sein. Ob Sara ihr wohl je gesagt hat, sie solle ihr Leben selbst in die Hand nehmen, weil mein Vater ihr nicht dabei helfen würde?

Meine Tante, die beide kannte, glaubte, meine Eltern hätten eine Zweckehe geschlossen. Ich persönlich meine eher, sie sahen im Partner ein Spiegelbild ihrer selbst, und das führt bei Menschen, die sich ihrer eigenen Identität nicht sicher sind, oft zu Verwirrungen. Sowohl mein Vater als auch meine Mutter führten Krieg gegen sich selbst: Es ging dabei um den Wert des geistigen Lebens gegenüber dem alltäglichen Leben der Realität, um das maskuline Prinzip gegenüber dem femininen, um die unerbittlichen Forderungen der Familie nach Selbstaufopferung gegenüber dem subversiven Wunsch nach persönlichem Vergnügen, einem individuellen Leben.

Ihre sich ergänzenden Konflikte und Verwirrungen ließen sie, vielleicht unbewußt, glauben, daß sie eine grundsätzliche Sympathie miteinander verbände. Auf einer bewußteren Ebene glaubten sie wohl, daß sie im jeweils anderen genau das gefunden hätten, was sie suchten. Meine Mutter sah einen charmanten, aber doch ernsthaften Mann, der sie finanziell versorgen konnte und ihr nicht nur ästhetisch, sondern auch philosophisch gewachsen war und der sie nie betrügen würde. Er ging sonntags in die Kirche, trank nicht besonders viel und schloß bereits Versicherungen ab. Sie fühlte sich bei ihm sicher; vielleicht hielt sie das für Liebe.

Mein Vater sah ein schüchternes, zurückhaltendes, ein wenig weltfremdes Mädchen aus guter Familie, auch wenn der Vater sich letztlich für den falschen Weg entschieden hatte. Er liebte ihren Mangel an Durchsetzungsvermögen und glaubte, daß ihre ästhetischen und sozialistischen Ideale ihn bezauberten; seine Mutter war eine starke, praktische Frau gewesen, die ihm seiner Meinung nach immer überlegen gewesen war. Bei meiner Mutter hatte er sofort das Gefühl, jemand zu sein, etwas darzustellen, ganz wie ein richtiger Mann eben. Er entwickelte sich weiter, und dies hielt er vielleicht für Liebe.

Meine Eltern hatten beide Erfahrungen damit, was die Täuschung anderer und ihrer eigenen Person anbelangte. Sie waren komplexe Persönlichkeiten, alles andere als direkt. Sie waren in Labyrinthen aus Gefühlen gefangen, die sie sich weder eingestanden noch auslebten. Ihre Ehe war eine Bühne, auf der sie ihre inneren Konflikte spielten, aber sie taten dies mit all ihren Illusionen und Verweigerungen und in dem Glauben an eine Kultur, die ihnen ein erfülltes Leben versprach, wenn sie nur diesen Schritt wagten.

7. Kapitel

Im Reich der Sinne

Meine Eltern waren beide ausgesprochen triebhaft, aber gleichzeitig auch in hohem Maße gehemmt.

Meiner Mutter war es wichtig, nach außen hin ruhig und beherrscht zu wirken. Sie liebte die leichte, reine, ästhetische Freude, die es ihr bereitete, ihr Material zu formen, den rohen Klumpen feuchten Tons zu gelassener Schönheit zu glätten und unter Kontrolle zu bringen. Doch wenn die Kunst tatsächlich so etwas wie einen Fortschritt von der Formlosigkeit zur Form darstellt, ist der Sex das genaue Gegenteil. Er beginnt mit zwei vollständig bekleideten, vernünftigen Menschen und macht sich dann Schritt für Schritt daran, jegliche Kontrolle, jegliche Form und alle Grenzen niederzureißen, die die menschliche Würde erst ermöglichen, und er endet in Unordnung und verschwitzter Nacktheit.

Mein Vater, dem die Kontrolle ebenfalls wichtiger war als alles andere, brauchte immer jemanden, dem er die Schuld geben konnte. Mein Onkel erinnerte sich daran, wie er als sehr junger Mann, lange bevor er meine Mutter kennenlernte, auf der Straße hinter ein paar Mädchen herging, deren Hüften und Hinterteile auf ihren Beinen auf und ab wippten. Mein Vater erregte sich: »Was glauben die denn, was sie da machen, wie läufige Hündinnen laufen sie herum. Man sollte solche Frauen nicht aus dem Haus lassen.«

Meinem Vater gefiel die Fähigkeit meiner Mutter zum Sublimieren; meiner Mutter gefiel die Tatsache, daß mein Vater prüde war.

Vermutlich gingen beide jungfräulich in die Ehe, auch wenn es durchaus möglich war, das mein Vater bereits erste Erfahrungen gesammelt hatte, vielleicht bei einer wohlwollenden Nutte in Tennessee, die die Wartungsmannschaft für ihn bezahlt hatte, als er vom Wagenjungen zum Kartenzeichner avancierte. Doch wahrscheinlich verlief die Hochzeitsnacht genauso peinlich, wie es wohl beim ersten Mal immer abläuft. Möglicherweise war er ein bißchen ungeduldig, und sie schämte sich ihrer starken Gefühle.

Vielleicht sollte eine Tochter über dieses Thema keine Mutmaßungen anstellen, aber mein Vater erlaubte sich mir gegenüber in dieser Hinsicht auch gewisse Freiheiten. Nein, nicht das, was Sie vielleicht denken – das war kein sexueller Mißbrauch, kein fortgesetzter Geschlechtsverkehr über Jahre hinweg. (*Coitus* war das Wort, das man dafür in der Encyclopedia Britannica, 11. Auflage, fand, aber trotzdem nicht verstand, weil die Definition wenig direkt und sehr umständlich war. Dieses Wort verwendete auch das Sexhandbuch, wo auf einem kleinen Bild ein Pessar dargestellt war, das auf uns Kinder wie eine Kreuzung aus selbstgemachtem Apfelgelee und Wildschwein wirkte.)

Wenn mein Vater mit mir den Coitus vollzogen hätte, hätte ich das Wort nicht nachschlagen müssen. Sein Stil war um etliches subtiler. Er hatte zahlreiche Gelüste, und er liebte es, die kleinen Zeremonien des täglichen Lebens umzuwandeln in Gelegenheiten zu ihrer Befriedigung. Er liebte das Essen und beherrschte all die Rituale, die zu jener Zeit damit einhergingen, meisterhaft: das Zubereiten der Drinks, das Einschenken des Weins, das Tranchieren des Bratens. Wenn er eine Scheibe abschnitt, sank diese langsam herab in die Sauce auf der Platte. Er spießte sie geschickt mit der Serviergabel auf, ließ sie einen kurzen Augenblick in der Luft verweilen, so daß der Saft heruntertropfte und wir die Farbe und die Struktur des Fleisches bewundern konnten, bevor er es sanft auf den Teller gleiten ließ, den meine Mutter – oder später meine Stiefmutter – ihm von links hinhielt.

Nach dem Essen holte er eine Zigarre aus seinem Humidor, rollte sie zwischen den Fingern hin und her und lauschte auf das Knistern, das er dabei erzeugte. (Er hatte nicht das geringste Musikgehör, aber den Klang von gutem Tabak erkannte er.)

Er trank seinen Likör aus einem kleinen, schmalen Glas, dessen unterer Teil aus Rauchglas war. Wenn er das Glas hochhielt, schimmerte der flüssige Bernstein durch die Rauchschwaden wie Feuer. Er rollte den ersten Schluck auf der Zunge hin und her, bis er sanft seinen Hals hinunterglitt. Der Geschmack von Likör, schwarzem Kaffee und Tabak verband sich in seinem Mund und versetzte seinen Körper in einen Zustand höchsten Wohlbefindens. Das waren die Freuden eines Gentleman; eine Frau hatte daran keinen Anteil.

Als ich ein Teenager war, hatten sich seine Vorlieben ein wenig gewandelt; sie waren nicht mehr so gentlemanlike wie früher. Er liebte es, die Sonntagnachmittage im Sommer im Bett zu vertrödeln, nackt unter dem Laken, die Tür zum Schlafzimmer immer offen. Neben ihm saß meine Stiefmutter, sittsam mit einem Nachthemd bekleidet. Auf ihrer Seite des Bettes – der der Tür angewandten – waren zwei Stühle und ein runder Tisch so hingestellt, daß der Raum wie ein Wohnzimmer wirkte, wo man Konversation treiben konnte. Sie erwartete von den Kindern, falls diese zu Hause waren – ich war mittlerweile die einzige, die noch zu Hause lebte –, daß sie auf einen kleinen Plausch vorbeischauten.

Beide erwarteten von mir, daß ich einfach durch ihr Zimmer ging, um zu dem Bad zu gelangen, das wir alle benutzten; wenn ich den längeren Weg über den Flur wählte, hielten sie mich für ungesellig. Aber wenn ich durch das Zimmer ging, mußte ich ganz nahe an meinem Vater vorbei, und wenn ich neben ihm war, drehte er sich gerade so viel, daß die Laken verrutschten und ich einen Blick auf seinen Körper erhaschen konnte.

Nichts Großes, nein – nur ein kleines, lüsternes Augenzwinkern, eine kleine Erinnerung daran, daß Vater und Tochter Komplizen waren. Mein Vater hätte das nie zugegeben; er glaubte schließlich an frühes Aufstehen und kaltes Duschen. Er war davon überzeugt, daß puritanische Strenge seine Gelüste im Zaum hielten.

Er war wie seine deutschen Vorfahren, die im achtzehnten Jahrhundert zusammengepfercht auf einem Holzschiff herübergekommen waren, ihre Schiffspassage selbst bezahlt und in Kabinen geschlafen hatten, aber noch immer unter der Kälte und Feuchtigkeit sowie dem Gestank von Erbrochenem in den Fluren und ihren eigenen Kojen zu leiden hatten. Sie taten das aus freien Stücken. Ihr lutherischer Glaube hielt sie aufrecht, doch ihr Wille sagte ihnen, wieviel Trost sie einander spenden durften und wen sie verurteilen konnten, wenn etwas schiefging.

Mit einem halbwegs starken Willen läßt sich das Gefühl der Übelkeit ignorieren, nachdem das Schiff angelegt hat; genauso lassen sich auch der rasende Puls, die klammen Finger, das hellwache Gehirn um fünf Uhr morgens, wenn eine innere Stimme sich zu Wort meldet, ignorieren. Zu solchen Zeiten pflegte mein Vater lange, nachdenkliche Stunden auf der Toilette zu verbringen und Zeitung zu lesen, als wolle er die Notwendigkeit, etwas herzugeben, durch die beruhigende Gewißheit eines Informationszugewinns ausgleichen.

Er war ein sinnlicher Mensch, der eine tiefsitzende Verwirrung zwischen kühler Distanz und Koketterie geerbt hatte. Bei seinen eigenen Eltern hatte er nichts Herzlicheres erlebt als einen Kuß auf die Wange, weder miteinander noch ihm gegenüber. Sara hatte ihm zweifelsohne die üblichen viktorianischen Vorbehalte gegenüber dem eigenen Körper mitgegeben. Doch gleichzeitig flirtete sie auch mit ihren beiden Jungen.

Mein Onkel sprach mit mir nie über dieses Thema, aber sein Sohn, mein Neffe, erzählte mir, wie seine Mutter meinen Vater und meinen Onkel gegeneinander ausspielte, genau wie Sara später auch meine Neffen und Brüder gegeneinander ausspielte. Sie wollte, daß sie gegeneinander um ihre Gunst buhlten. Als ihre Söhne noch klein waren, sagte sie zu meinem Vater Dinge wie: »Dein Bruder bekommt bessere Noten, als du sie in der zweiten Klasse hattest.« Dabei lachte sie kokett wie ein junges Mädchen. Als sie dann größer wurden, fragte sie bisweilen meinen Onkel: »Weißt du eigentlich schon, daß dein Bruder soeben wieder befördert worden ist?« Die Patienten bezahlten meinen Onkel häufiger mit Waren als mit Geld: ein Truthahn oder eine Rehkeule, ein Korb Kartoffeln oder eine Schale Kirschen. Sara kritisierte an ihm herum: »Du solltest darauf bestehen, daß sie dich bezahlen, bevor du sie behandelst. John bekommt ein regelmäßiges Gehalt, weißt du. Er kann sich seine drei Söhne leisten.« Und wieder lachte sie kokett wie ein Mädchen.

Mein Onkel, der jüngere Bruder, distanzierte sich ein wenig von dem allem. Mein Vater war der Ältere und wurde deshalb auch von seiner Mutter stärker umworben. Er kam öfter nach Hause und chauffierte die Familie sonntags nach Gettysburg. Er brachte auch die Flasche Bristol Cream Sherry und die guten Zigarren, deren getrocknete Enden meine Großmutter unter die türkischen Teppiche und in die Ecken ihrer mit Samt ausgeschlagenen Vitrinen legte, um diese vor den Motten zu schützen.

Oben in seinem Arbeitszimmer hatte mein Großvater sein geheimes Leben. Als er starb, bewahrte Sara alles genauso auf, wie er es hinterlassen hatte, einschließlich der Bücher auf den Regalen und des chinesischen Damespiels, das ihr Mann immer für die Enkel hervorholte. Deshalb entdeckten mein Vater und mein Onkel, versteckt hinter Reihen harmloser Abhandlungen über Kunstgeschichte und Ingenieurwesen, erst Jahre später eine umfangreiche Bibliothek mit exotischer Pornographie in den meisten Sprachen, die mein Großvater verstand, darunter auch Sanskrit. Mein Onkel behauptete, über diesen Fund amüsiert gewesen zu sein, aber mein Vater war außer sich vor Zorn, als habe er soeben Beweise dafür gefunden, daß sein Vater seine Mutter all die Jahre betrogen habe und ungestraft davongekommen sei.

Auch das, was meine Mutter auf ihren Lebensweg mitbekam, war ziemlich verwirrend. Für ihren Vater gehörten Frauen zu den sinnlichen Genüssen. Trygve war vorbehaltlos körperfixiert: Sein Gesicht war braungebrannt von der Sonne, und um seine Augen lagen Lachfältchen. Seine Hände und Unterarme waren stark und sinnlich. Er roch nach Leinöl und Malfarben; der scharfe, feuchte, erdige Geruch von Lehm hing an ihm. Er liebte die Frauen, und sie liebten ihn. Doch abgesehen von seiner eigenen Frau, nahm er keine von ihnen ernst; er betrachtete sie lediglich als Zeitvertreib.

Töchter, so glaubte er, mußte man bezaubern, also bezauberte er sie zusammen mit den anderen an den langen Essenstischen unter den sommerlichen Bäumen. Und seine Tochter wartete scheu auf ein Zeichen der Anerkennung und freute sich schon darüber, wenn er nur die Flasche ein wenig in ihre Richtung schüttelte, um ihr im Scherz zuzuprosten.

Trygve mochte meinen Vater nicht sonderlich; er meinte, er habe etwas Kaltes, Kalkulierendes. Trotzdem kamen sie am Essenstisch ganz gut miteinander zurecht, wie das bei Männern oft der Fall ist; John erzählte Geschichten von der Eisenbahn, während Trygve über Norwegen und die Künstler sprach. Dazu tranken sie Wein und Likör, ganz wie zwei Männer von Welt. Meine Mutter sah und hörte ihnen gerne zu; sie fühlte sich wohl dabei, hatte das Gefühl dazuzugehören. Sie machte einen Fehler, der bei Frauen weitverbreitet ist: Sie hielt die Freuden des Tisches und später auch des Bettes für eine Form der Großzügigkeit.

Wie gesagt, diesen Fehler machen Frauen oft. Sie meinen, zusammen mit dem wichtigsten Mann zu speisen, bedeute automatisch, sich wohl zu fühlen und dazuzugehören. Wenn man einen Mann im Bett hat, der einen in den Arm nimmt und sich bemüht, einem Freude zu schenken, glaubt man schnell, daß er ein großzügiger Mensch ist, der auch hinterher noch aufmerksam ist. Wenn ein solcher Mann obendrein noch charmant ist, merkt eine Frau oft nicht, daß sein Hauptinteresse eigentlich dem Abendessen gilt und daß er von ihr eine Befriedigung dieses Hauptinteresses erwartet. Oder möglicherweise merkt sie es doch und schließt Kompromisse, weil sie glaubt, ihrerseits etwas davon zu profitieren.

Meine Mutter hatte keine Ahnung davon, wie sehr Rücksichtslosigkeit und Sexualität zusammenhingen – bei meinem Vater, bei ihrem Mann und auch bei ihr selbst. Mein Vater konnte charmant und herzlich sein wie Trygve, doch gleichzeitig war er auch ein Weiberfeind und prüde. Er wollte auf seine eigene, ziemlich bescheidene Art von der Frau bedient werden. Wenn er etwas wollte, holte er sich das auf raffinierte, manchmal auch brutale Weise, und wurde rachsüchtig, wenn er es nicht bekam. Offenbar verband meine Eltern diese Kälte, die auch in meiner Mutter steckte.

Die Kälte meiner Mutter war nicht nur von ihrem reizenden Vater, sondern auch von ihrer Mutter verursacht worden. Trygve und Emma kamen aus einem nordeuropäischen Land, wo das strenge Klima die Menschen in körperliche Isolation trieb und Stoizismus und Zurückhaltung förderten. In einem kalten Klima fällt es schwerer, die Schwächen des Fleisches zu vergeben: die Zärtlichkeit, das schamlose Bedürfnis nach Berührung, Wärme, Ruhe. Disziplin oder doch wenigstens der Anschein von Disziplin wird den Menschen bereits von Kindesbeinen an als wichtigstes Gut beigebracht. Besonders gilt das für die Mädchen, denn die Männer haben seit jeher das Anrecht, selbst etwas gegen ihre Einsamkeit zu tun und ihre Gelüste zu befriedigen. Doch auch die Männer mußten lernen, sich zurückzuhalten; Trygve und Emma gingen in der Öffentlichkeit und vor den Kindern ziemlich distanziert miteinander um.

Und obwohl sie sich für ein Leben in gemäßigtem Klima entschieden hatten, erzogen sie ihre Tochter nach den Maßstäben eines kühleren Landes. Meine Mutter lernte schon bald, zu ihrem Körper Distanz zu halten. Trotzdem stand sie den Sinnesfreuden immer positiv gegenüber, und Trygve und Emma förderten diese Freude auch, solange es dabei um den Tastsinn und die Augen ging – vorausgesetzt, meine Mutter berührte mit diesen Händen Ton oder Holz oder Schnitzwerkzeuge und nicht ihren eigenen Körper. Es war nur zu verständlich, daß sie die Ästhetik als Form der reinen Empfindung pries, das Gegenteil körperlicher Leidenschaft, und daß das Reich der Ästhetik eine Fluchtmöglichkeit darstellte von den Beschränkungen, den Unzulänglichkeiten und den gelegentlich ganz direkten und derben Forderungen des Fleisches.

Gebildete Mädchen lernten schon früh, solche Bedürfnisse durch die Kunst zu sublimieren; Beispiele dafür sind die sanften Akte von Renoir und Manet, die ebenso sanften Jungen und Männer der alten

Griechen, die blassen Göttinnen der Französischen Akademie. Picasso löste die gegenständliche Darstellung in dem Jahr auf, in dem sie geboren wurde, und diese Entwicklung setzte sich während ihrer Mädchenjahre fort. (Wenn ihre Eltern sie zur Armory Show mitnahmen, sah sie Duchamps *Nude Descending a Staircase* bereits im Alter von sieben Jahren.) Als sie dann ein Teenager war, hatte die amerikanische Kunst, die sich inzwischen auf dem Weg zur Abstraktion befand, den Photorealismus für sich entdeckt, harte Flächen und präzise Wiedergabe. Offenbar gefiel ihr die Verbindung von Ästhetik und Askese, denn der Holzschnitt, der bei mir an der Wand hängt, wurde davon beeinflußt.

Als sie dann so etwa zwölf Jahre alt war, regte sich wohl zum erstenmal ihre Sexualität, was ihrer Mutter mit Sicherheit Kopfzerbrechen bereitete, denn die zahlreichen Seitensprünge ihres Vaters wurden nun vermutlich zu einem schmerzlichen Thema. Mit einer Philosophie der reinen, abstrakten Sinnlichkeit, mit einer Zweitrangigkeit der körperlichen Bedürfnisse gegenüber der Kunst war es möglich, an einem idealen Vaterbild festzuhalten, die Selbstsüchtigkeit in Selbstlosigkeit zu verwandeln, das Leben als Hingabe an die Kunst zu betrachten. Obgleich sie seine Anschauungen verinnerlicht hatte – das heißt, sie unterschätzte eher ihre eigenen Begabungen und Fähigkeiten – gab sie Olaf, dem Sohn, den Vorzug, obwohl sie eigentlich die begnadetere Künstlerin gewesen wäre. Sie ging davon aus, daß Charme alles war, was sie benötigte oder verdiente. Diese Philosophie erlaubte ihr die Illusion einer Kompensation für die Mißachtung durch ihren Vater, der sie ganz nebenbei ihres Rechts enthoben hatte, ihm und anderen Männern gegenüber Ansprüche zu stellen. Damit hatte er ihr auch jene starke Verbindung zu der Erde geraubt, die es ihr vielleicht ermöglicht hätte, am Leben zu bleiben.

Eines Novembernachmittags in den dreißiger Jahren, noch bevor ich auf der Welt war, ließen meine Mutter und mein Vater sich vor dem Haus seiner Eltern in Gettysburg fotografieren. Sie trug ein modisches schwarzes Kleid, vielleicht aus Wollcrêpe, mit vier weißen Knöpfen an einer Schulter und einem schmalen weißen Saum mit weißer Ösenstickerei am Ausschnitt und entlang der Knopfleiste. Er hatte einen dunklen Anzug an, die Jacke geöffnet, so daß man das weiße Hemd sah (es war ein schwüler Novembertag im südlichen Pennsylvania, zu warm, um eine Weste zu tragen), und er rauchte eine Zigarre.

Auf diesem Foto stehen sie Seite an Seite auf der vorderen Veranda. Natürlich berühren sie einander nicht. Sie lächelt, so daß man die oberen Zähne und den einen krummen Schneidezahn sieht. Mein Vater lächelt ein wenig selbstgefällig mit geschlossenem Mund und Hamsterbacken. Das ist das Lächeln eines Mannes, eines Sohnes, der sich seiner Stellung endlich sicher sein kann und dessen vorzeigbare Frau drei vorzeigbare Söhne geboren hat.

Aber wenn man bei beiden den Mund mit der Hand verdeckt, sieht man sofort, daß sie eigentlich nicht richtig lächeln. Seine Augen sind schmale Schlitze, aus denen eine distanziert-gemeine Drohung zu blitzen scheint wie bei einem Gangster aus einem Film der dreißiger Jahre: »Komm mir nicht dumm, Baby, ich weiß genau, wo deine Schwächen liegen.«

Das Lächeln in den Augen meiner Mutter verwandelt sich in ein Spiel von Licht und Schatten: ein Glanzlicht am äußeren Rand ihrer rechten Iris und eine transparente Stelle am inneren Rand ihrer linken. Auffällig ist, wie die Falten ihrer gerunzelten Stirn steil an der Innenseite ihrer Augenbrauen nach oben führen und wie die dunklen Schatten die inneren Ränder ihrer Augen verwischen. Und genau wie bei allen anderen Bildern von ihr sind auch ihre Augen verschleiert, als sei hinter den Pupillen eine Trennwand heruntergelassen worden, auf der die betreffende Person ihre eigenen Bilder sieht, zu denen niemand sonst Einblick hat. Gleichgültig, was meine Mutter während der Ehe mit meinem Vater gelernt hat – sie ist jedenfalls vorsichtig geblieben.

Es gibt auch noch Fotos von jedem der beiden allein. Mein Vater steht auf der vorderen Veranda mit einem zähnezeigenden, wenn auch schmalen, sexy Grinsen. Er schaut mit triumphierendem Blick in die Kamera, wie der siegreiche Kandidat am Ende einer langen Wahlnacht.

Meine Mutter sitzt auf einem Ohrensessel und schaut mit leicht gesenktem Blick an der Kamera vorbei. Sie hat hohe Wangenknochen und einen anmutig geschwungenen Mund. Fast könnte man sie hübsch nennen, wenn ihre norwegische Nase nicht an der Spitze ein wenig zu dick wäre und zu steil nach oben ragte. Ihr Mund wirkt ein bißchen resigniert, und man sieht, daß die Falten bereits tief eingegraben sind und sich nicht mehr glätten lassen. Der Gesamteindruck, den sie vermittelt, ist Trauer oder tiefe Melancholie.

Ich erinnere mich noch an diesen Blick; sie schaute oft so, als ich noch ein Kind war. Das war ihr geheimnisvollstes Gesicht. Wenn ich sie so sah, hatte ich immer das Gefühl, als sei ich gerade in ein geschlossenes Zimmer hineingeplatzt und als habe ich etwas gesehen, was ich eigentlich nicht hätte sehen sollen. Sie schien sich bewußt in einen anderen Zustand versetzen zu wollen, in eine andere Zeit oder an einen anderen Ort, aber wo das sein sollte, konnte ich mir nicht vorstellen. Ich wußte lediglich, daß sie nicht bei mir war.

8. Kapitel
Zu Hause

Am wohlsten fühlte ich mich in Gesellschaft meiner Mutter gewöhnlich, wenn wir uns in der Küche, mit Ton, mit dem Garten oder einem Buch beschäftigten. Wenn wir die Terrakottatiere im Ofen brannten oder wenn sie mir vor dem Schlafengehen eine Gutenachtgeschichte vorlas oder wenn sie mich den Brotteig kneten ließ, dann spürte ich so etwas wie ein inneres Band zwischen uns. Aber wenn nichts meine Aufmerksamkeit ablenkte und sie nicht die Möglichkeit hatte, mich zu beruhigen oder mich zu umsorgen, machte ich sie nervös. Sie brauchte viel Raum für sich selbst; die meiste Zeit distanzierte sie sich auch körperlich oder wandte mir den Rücken zu. Wenn ich in ihren Bereich eindrang, zog ich mir unter Umständen ihren Zorn zu. Für ein kleines Kind wie mich war das ziemlich schwierig – ich wandte den Blick nicht von ihr ab, und sie drehte mir den Rücken zu.

Ich war noch keine zwei Jahre alt, als mein Vater im Frühling 1942 zum Major der Armee ernannt und nach Wayne, Indiana, geschickt wurde, um ein Bataillon Eisenbahner für den Krieg auszubilden. Meine Mutter fand ein kleines Haus in einem Vorort und zog mit uns allen dorthin um.

Mein Vater verbrachte die meiste Zeit draußen auf dem Flugplatz, wo sein Bataillon aus einem mir nicht bekannten Grund stationiert war. Schon bald würde er nach Persien fahren, wo seine Männer Jeeps, Panzer und Lastwagen lenken und Waffen, Nahrungsmittel sowie Munition nach Norden zu den Russen transportieren würden, die die Gegenoffensive gegen die Deutschen in Stalingrad vorbereiteten und deren einzige andere Versorgungsmöglichkeit, die Schiffsflotte von Murmansk, die über den nördlichen

Atlantik verteilt wartete, leichte Beute für die deutschen U-Boote waren. Mein Vater wußte natürlich noch nicht, wohin er fahren würde, aber die Aussicht, überhaupt wegzukommen, fand er aufregend. Er hatte hart für die Eisenbahn gearbeitet und während der ständigen Feierschichten in den dreißiger Jahren nie gewußt, ob nicht er als nächster an der Reihe sein würde. Der Krieg muß ihm wie ein Urlaub erschienen sein. Er war achtundreißig, hatte eine Frau und vier Kinder, und jetzt erhielt er nicht nur die Chance, seine Zeit mit Männern zu verbringen, wie damals in der glorreichen Schul- und Sportzeit, sondern dabei auch noch die Welt zu retten. Da ging es um aufregende Dinge, kein Wunder, daß er kaum noch nach Hause kam. Meine Mutter war schon so etwas wie eine Kriegsbraut, denn sie mußte drei Jungen von sechs bis dreizehn Jahren und ein Mädchen, mich, ganz allein aufziehen. Sie mußte einen Krieg aussitzen, dessen Dauer niemand vorhersagen konnte, tausend Meilen von ihrer Familie und allem Vertrauten entfernt.

Die Abende brachte sie mit Briefeschreiben zu. Damals waren die Frauen so etwas wie die Chronisten der Familie; das war wenigstens eine Beschäftigung am Abend. Meine Mutter notierte alles: die Erkältung meines ältesten Bruders, eine Mondfinsternis, derentwegen mein Vater nach Hause gekommen war, meine Fortschritte beim Sprechen. Der Verwandtschaft gegenüber entschuldigte sie sich für meinen Vater, für den das Briefeschreiben nicht zu den wichtigsten Tätigkeiten zählte: »Er war müde; er wollte euch schreiben, aber es fiel ihm nichts ein.« Normalerweise schickte sie Fotos der Kinder mit, aber als die Männer weg waren, hatten die Frauen niemanden mehr, der die Bilder gemacht hätte. Mein Onkel, der Arzt und Fotograf, war mit der Marine irgendwo im Pazifik. »Vielleicht habt ihr auch soviel Glück wie ich«, schrieb meine Mutter meiner Tante. Sie hatte einen Soldaten mitgenommen, der sich als Berufsfotograf entpuppt hatte: »Er kam zu uns und machte Fotos von den Kindern. Die von Signe sind besonders gut, finde ich.« Sie legte ein paar Abzüge bei.

Ein Brief ist so etwas wie ein kurzes verbales Bild von sich selbst, das man in die Welt hinausschickt. Die Briefe meiner Mutter klingen wie die zahlreicher anderer normaler, liebevoller und besorgter Ehefrauen und Mütter. Meiner Tante schrieb sie: »Ich weiß, daß Du Dich nach besten Kräften bemühst, Dich geistig zu beschäftigen, aber ich weiß auch, daß Dir das schwerfallen muß. Ich merke, daß die Tage mir zwischen den Fingern zerrinnen – schließlich versuche ich ja dasselbe.« Das Bataillon veranstaltete einen Tanzabend und einen Tag der offenen Tür; mein Vater schrieb noch ein kurzes PS dazu, daß er bald nach Washington fahren werde, »bin auf dem Weg nach Übersee, ich weiß noch nicht genau, wohin.« Und dann fuhr er, und die meiste Zeit der nächsten drei Jahre lebte meine Mutter allein mit uns Kindern in der Ebene des nordöstlichen Indiana.

Soldatenfrauen konnten nichts gegen diesen Zustand unternehmen, denn selbst wenn sie ihren Mann hätten betrügen wollen, hätten sie nicht viel Gelegenheit dazu gehabt. Gleichzeitig durften sie jedoch nicht den Eindruck einer verlassenen, verärgerten Ehefrau machen; schließlich mußte man den Krieg gewinnen, und sie mußten ihren Teil dazu beitragen. Auch die Offiziersfrauen konnten nicht so einfach zusammen mit den Kindern nach Kalifornien reisen und sich dort ein schönes Leben machen. Kühle Beherrschtheit hieß die Lösung – gute Miene zum bösen Spiel machen, Selbstbeherrschung auch noch in schwierigen Situationen.

Und daran war meine Mutter ja gewöhnt.

Kleine Kinder merken schnell, was los ist mit ihren Eltern: Ich spürte die Ängste meiner Mutter, und ich spürte auch, wie sie sich nach meines Vaters Abreise zurückzog. Sie gab sich größte Mühe, auf die Erwachsenen einen guten, lebhaften Eindruck zu machen, und sie nahm sich für die Jungen zusammen, weil sie eben Jungen waren. Aber bei mir schien sie keine Maske nötig zu haben.

Vielleicht spürte ich aber auch nur einfach mehr. Ich erinnere mich zum Beispiel noch an einen Nachmittag am Wochenende, als wir Kinder für einen Hinterhofzirkus übten, und zwar in der Auffahrt zum Nachbarhaus. Wir waren nicht weit entfernt von der

Stelle, wo meine Mutter in einem Liegestuhl in unserem eigenen Garten lag, aber sie schaute in die andere Richtung. Als ich zu ihr hinüberging und sie bat, mir das Leopardenkostüm von Halloween zusammenzustecken (es stammte noch aus der Zeit vor dem Krieg und hatte zuerst meinen Brüdern gehört), wandte sie sich mir nur halb zu und wahrte ihre Distanziertheit. Ich wollte ihr erzählen, daß ich die große Rolle des Löwen übernehmen sollte (letztlich bekam dann doch der rote Chow-Chow des Nachbarn den Part), aber ich sagte lieber nichts und drehte mich einfach nur um, damit meine Mutter mein Kostüm zustecken konnte. Sie machte das mit geschickten Fingern, aber mit den Gedanken war sie weit, weit weg. Fast konnte ich den Geschmack von saurer Ablehnung spüren. Dieser Geschmack unterschied sich von dem beißenden Nikotingeruch, der an ihrer Kleidung und an ihrem Körper haftete. Dieser Geruch war scharf, hart, metallen. Erst Jahre später erkannte ich diesen Geruch an mir selbst wieder: Es war der Geruch von Verzweiflung und tiefster Depression.

Während mein Vater im Ausland war und auch schon, bevor er wegfuhr, war ich oft mit meiner Mutter allein. Erik wurde im Herbst 1942 eingeschult, so daß die Wochenenden, die meine Brüder zu Hause verbrachten, zwar immer lebhaft waren, die Wochentage sich aber langweilig und monoton dahinzogen, wenn es nichts zwischen meiner Mutter und mir gab. Viele Dinge teilten wir ohnehin nicht. Meine Mutter, die eigentlich passionierte Gärtnerin war, machte keinen Victory Garden aus dem brachliegenden kleinen Stück Boden hinter dem Haus. Sie pflanzte keine Blumen in den kärglichen Beeten um die Grundmauern herum; sie kümmerte sich höchstens um ein paar niedrige Buchsbaumhecken. Sie nahm mich zum Einkaufen mit in das Baer Filed PX, aber ich war zu klein, um auch nur bei den unwichtigsten Tätigkeiten in der Küche helfen zu können. Ich konnte ihr dabei zusehen, wie sie dem frisch geschlachteten Huhn die Federn absengte, aber das war auch schon alles.

Die Sonntagabende nach dem Essen waren eine Zeit höchster

Spannung. Wir Kinder bekamen Getreideflocken zum Abendessen und hörten uns dann die Serien im Radio an: Tom Mix, der Lone Ranger, Straight Arrow. Die Jungen spielten mit Spielsachen, die sie für die Bons auf den Getreideflockenpackungen bekommen hatten, oder mit Pappsachen – Flugzeugen, Fallschirmen –, die sie nach den Vordrucken auf den Packungen selbst gebastelt hatten. Meine Mutter hielt sich für gewöhnlich zurück. Manchmal machte sie mir als besondere Leckerei einen Milchtoast – heiße Milch, knusprig heißer Toast, in Vierecke geschnitten, Honig darüber – und setzte sich zu mir, während ich ihn verzehrte. Wenn sie zu tun hatte, aß ich meine Cheerios zusammen mit meinen Brüdern.

Dann wurde es Montag, und die Jungen verschwanden in die Schule, und für mich begann wieder die Zeit der Unsicherheit. Die ganze Woche beobachtete ich sie insgeheim, während sie die Hausarbeit verrichtete. Und wie Kinder das zu tun pflegen, redete ich mir ein, daß auch sie mich beobachtete. Daß sie mich mit ihrem inneren Auge sah, auch wenn sie mir den Rücken zuwandte. Die brennende Frage, die sie mir stellte, lautete jedesmal wieder, ob sie sich mir zuwenden würde – und wenn ja, würde sie mich dann freundlich, kühl und distanziert oder wütend behandeln?

Ihr Zorn war schrecklich. Sie konnte, ohne eine für mich ersichtliche Warnung, aus ihrer kühlen Zurückhaltung ausbrechen, so schnell und unvermittelt wie ein Blitz in Indiana. Alles an ihr war dann aufgeladen, voller Spannung. Manchmal stürzte sie sich auf mich wie Medusa, zischende Schlangen statt der Haare und Hände, mit denen sie jemanden hätte umbringen können.

Ich konzentrierte mich darauf, sie auf eine Art und Weise auf mich aufmerksam zu machen, die sie nicht erzürnen würde. Ich hatte schreckliche Angst davor, ein Geräusch zu verursachen oder mich ungeschickt zu bewegen und sie dadurch in Wut zu versetzen. Gleichzeitig hatte ich Angst, den Augenblick zu verpassen, an dem sie mich wahrnehmen würde. Natürlich wäre es mir auch lieber gewesen, sie einfach nur um ein bißchen Aufmerksamkeit zu bitten, aber so einfach war das eben nicht.

Ich begann, mir Erinnerungen aufzubauen. Die Angst erzeugte in mir ein tiefes Bedürfnis, die ständig wiederkehrenden Muster meiner Umgebung wahrzunehmen, und ich versuchte, mich mit ihr zu verbinden oder sie doch zumindest nicht zu stören. Möglicherweise war ich in dieser Hinsicht frühreif, aber diese Jahre sind mir zum Teil noch als vollständige Szenen im Kopf, wie durch ein zeitliches Teleskop betrachtet – die kleinen Figuren bewegen sich in dem luftleeren Raum am anderen Ende der Linse.

SZENE: Meine Mutter hält sich im linken Bereich des Wohnzimmers auf, sitzt an ihrem Schreibtisch und schreibt Briefe. Sie hat mir den Rücken zugewandt; ich kann gerade noch die Konturen ihrer Wange erkennen. Ich stehe am anderen Ende des Zimmers, direkt vor der Wohnzimmertür in dem kleinen Flur, und spiele mit ein paar buntbemalten Holzclowns, die an Händen und Füßen miteinander verbunden sind. Ich baue eine Pyramide mit ihnen, wobei jeder Clown andere Clowns festhält oder gefährlich im freien Raum hängt. Das Spiel läuft praktisch in völliger Stille ab, solange die Pyramide nicht in sich zusammenfällt. Ich fordere das Schicksal heraus, weil ich nicht auf dem Teppich des Wohnzimmers spiele, aber ich gehe geschickt mit den Figuren um. Ich füge sie so zusammen, daß sie nicht herunterfallen. Ich schaue zu meiner Mutter hinüber und dann wieder zu den Clowns und baue die Pyramide ebenso geschickt wieder ab, wie ich sie aufgebaut habe.

SZENE: Das Wohnzimmer, rechts vom Flur. Hinten in der linken Ecke ist die Küchentür. Sie steht offen; meine Mutter steht an der Spüle und putzt Gemüse. Sie hat mir den Rücken zugewandt. Ich fühle mich zu ihr hingezogen, habe aber Angst, ihr zu nahe zu kommen; ich beobachte sie vom Eßzimmer aus. Ich habe mit einer ihrer Haarnadeln gespielt und stecke sie jetzt kurz in die Steckdose links von mir. Das Gefühl ist erstaunlich, ein scharfer Schlag und ein unangenehmes Prickeln. Ich lasse die Haarnadel los. Die ganze Zeit schaue ich ihren Rücken an. Sie dreht sich nicht um.

SZENE: Ich bin allein im Wohnzimmer, das in helles Sonnenlicht getaucht ist. Meine Mutter ist oben und macht ein Nickerchen. Die Putzfrau ist da gewesen, und das Zimmer ist so leer und sauber, daß ich nicht weiß, womit ich dort spielen soll. Die große, glänzende Walnußholztruhe, in der sich der Plattenspieler und das Radio befinden, kommen nicht in Frage, genauso wenig wie die unglaublich geräuschvollen Metallgeräte vor dem Kamin.

Ich darf das Haus nicht verlassen, aber ich darf auch nichts anfassen. Allmählich kommt mir alles ziemlich unwirklich vor. Ich beschließe, mich hinaus in den hinteren Garten zu wagen. Von der hinteren Veranda zur Auffahrt führt ein gefliester Weg, zwischen dessen einzelnen Steinen kleine Rinnsale fließen. Ein Plastikschlachtschiff, das einem meiner Brüder gehört, liegt auf dem Gras; ich hebe es auf und setze es auf eines der Rinnsale, wo es zwischen zwei südpazifischen Inseln zu einem sicheren Hafen segelt, weg von den japanischen Minen, hinaus ins offene Meer. Ich knie, der Saum meines Kleides steckt unter meinen Knien und berührt das trockene, staubige Gras. Mit der linken Hand stütze ich mich ab. Ich habe noch nicht gelernt, Dinge zu verbergen, die mir wichtig sind.

Als meine Mutter aufwacht und nach unten kommt, bin ich wieder drinnen, aber meine Knie und mein Kleid sind immer noch schmutzig. Ich habe mir mit der Handfläche die Stirn abgewischt und darauf einen breiten, dunklen Fleck hinterlassen. Dieser Schmutz macht meine Mutter wütend.

SZENE: Der Flur ist dunkel an einem hellen, sonnigen Tag, weil die Jalousien wegen der Hitze heruntergelassen sind. Ein Nachbarskind klingelt an der Tür. Meine Mutter macht auf, steht als dunkle Silhouette im Türrahmen. Ich stehe hinter ihr und sehe an ihr vorbei, hinaus ins strahlende Licht der Sonne, hinaus auf das Gras und den Weg zum Haus mit dem dürren jungen Baum, und draußen steht das andere Kind, frei. Ich sehne mich danach, ebenfalls draußen zu sein, aber als ich meine Mutter frage, ob ich hinaus dürfe, sagt sie nein. Ich kann das gar nicht glauben; ich selbst erkenne keinerlei Grund für ihr Verhalten. Drinnen warten Dunkelheit und Langeweile auf mich. Meine Mutter hat sich mit Sicherheit irgend etwas Häßliches für mich ausgedacht, weil ich wieder einmal die Disziplin vergessen habe, die sie mir schon so lange beizubringen versucht. Die Außenwelt ist so nahe; ich kann einfach nicht glauben, daß ich nicht hinaus darf.

Aber ich kann mich nur wehren und zu sprechen versuchen. Unweigerlich wird meine Stimme zu einem schrillen, ohnmächtigen Heulen, in dem auch Panik mitschwingt. Ich sage immer wieder: »Ich möchte hinaus, ich möchte hinaus.«

Meine Mutter schließt die Tür, dreht sich zu mir herum, und plötzlich gehen wir aufeinander los. Dann fällt ihr plötzlich ein, daß sie dreimal so groß ist wie ich, und sie packt mich. Ich versuche, mich loszureißen, aber natürlich ist sie mir überlegen. Bisher haben wir schweigend miteinander gekämpft, aber jetzt spricht sie: Sie ist mit ihrer Geduld am Ende und kann diesen Ungehorsam nicht mehr ertragen. Sie ist ganz allein, und ich muß ihr gehorchen, sonst hält sie es nicht mehr aus, ich bringe sie noch ins Grab.

Irgendwie zerren und ziehen wir so lange aneinander herum, daß wir plötzlich am oberen Ende der Treppe landen, vor dem Bad. Meine Mutter drückt mich mit der einen Hand gegen ihren Körper und versucht gleichzeitig, mir mit der anderen das Hemd über den Kopf zu ziehen. Das gelingt ihr nicht, also schlägt sie mir auf den Kopf, und ich höre auf, mich zu wehren und ziehe den Kopf zurück in mein Hemd wie eine Schildkröte. Sie nutzt diese Gelegenheit, schon stehe ich ohne Hemd da. Ich wehre mich nicht mehr; sie zieht mir auch noch die Hose herunter und badet mich, schrubbt mich ab und redet dabei wie ein Wasserfall auf mich ein. Ich halte mich ganz still und warte ab, was kommt. Dann stellt sie mich auf die Beine und rubbelt mich ab, hebt mich, einen Arm um meine Taille geschlungen, hoch und trägt mich ins Schlafzimmer.

Sie verfrachtet mich in ihr Bett und läßt die Jalousien ganz herunter. Ich fühle mich wie mit einem Tiger im Käfig; sie läuft, aufs äußerste konzentriert, hin und her; meiner Gegenwart ist sie sich kaum bewußt. Ich habe Angst, daß sie mich aus dem Bett holt, um mich zu schütteln, und dabei völlig vergißt, daß ich ihre Tochter bin.

Endlich geht sie hinaus und schließt die Tür hinter sich. Ich liege ruhig da, es gelingt mir nicht einzuschlafen. Ich höre, wie meine Mutter zornig unten herumstapft, mit Dingen herumklappert und mit sich selbst redet. Sonst ist niemand im Haus. Ich beobachte, wie sich das Licht hinter den Jalousien verändert, wie die Schatten immer länger werden, wie es allmählich still wird im Haus. Ich höre, wie meine Brüder nach Hause kommen, höre meine Mutter leise mit ihnen reden. Von den tagtäglichen Scharmützeln zwischen meiner Mutter und mir wissen sie nichts; sie leben, so kommt es mir manchmal vor, mit einer völlig anderen Mutter zusammen; mit einer Mutter, die sie nicht schlägt und die ihnen Aufmerksamkeit schenkt.

Als die Jungen abends gegessen haben und Ruhe ist, weil sie ihre Hausaufgaben machen oder draußen spielen, geht die Tür zu meinem Zimmer auf, und meine Mutter kommt mit einem Tablett herein. Sie bleibt an der Tür stehen und sieht mich an, um festzustellen, ob ich noch wach bin. Sie kommt mit dem Tablett herein, schaltet das Licht an, setzt mich auf und stellt mir das Tablett auf die Knie. Sie streichelt mir den Kopf, und meine Haut fühlt sich ganz wund an unter ihren Fingern, doch sie spricht nicht über das, was sich ereignet hat. Sie sagt, sie hoffe, daß ich es nicht mehr tue, und ich müsse verstehen, daß sie mich ins Bett stecken müsse, wenn ich es doch wieder tue.

Letztlich heißt das also, daß ich ungezogen war und daß meine Mutter mich ruhiggestellt und mir eine Lektion erteilt hat. Aber trotz meiner Jammerei weiß ich ziemlich genau, daß eigentlich meine Mutter die Kontrolle über sich verloren hat. Und morgen werden meine Brüder wieder in der Schule sein, und ich werde wieder allein sein mit ihr. Aber vielleicht gelingt es mir ja morgen, ein braves Kind zu sein.

Meine Mutter brauchte immer etwas zum Kontrollieren und Beherrschen, und ich war ja ständig da, direkt vor ihrer Nase. Mein Körper folgte wieder und wieder falschen Impulsen; unsere Familie war durch den Krieg auseinandergerissen; sie war an ein schlichtes kleines Haus in einer Kulturwüste gefesselt, und das mit drei heranwachsenden Söhnen, die kaum zu bändigen waren. Ich erinnere mich zum Beispiel noch an mein Gefühl des Triumphs und der Abscheu, als ich sah, wie sie meinen Erzrivalen Erik dazu zwang, sich den Mund mit Seife auszuwaschen, weil er »verdammt« gesagt hatte. Doch mittlerweile waren ihr die Jungen körperlich überlegen. Als Hal sich weigerte, weiter seine Kniehose zu tragen, schlug Arno, der schon längst eine lange Hose trug, sich auf seine Seite. Sie war den beiden gegenüber ziemlich hilflos.

Und ich war ihr gegenüber hilflos. Was meinen Körper anbelangte, hatte sie ziemlich klare Vorstellungen; sie meinte, verräterische Spuren zu entdecken, die ihr eigenes tiefes Bedürfnis nach Perfektion zu unterlaufen schienen. Sie wollte, daß ich ruhig, ordentlich und sauber aufwuchs. Sie wollte es nicht zulassen, daß aus irgendeiner Körperöffnung etwas – vom Zeitpunkt wie auch von der Form her – Unvorhergesehenes heraus käme. Und vor allen Dingen wollte sie, daß alles Körperliche privat bliebe.

Ich hatte meine Lektion bereits gelernt, bevor wir nach Indiana zogen, aber in der Verwirrung des Umzugs und dem Durcheinander, das immer entsteht, wenn man sich an einem neuen Ort eingewöhnen muß, war das alles ein bißchen viel verlangt – mein Körper ließ mich im Stich. Meine Mutter reagierte darauf mit einer Kriegserklärung und setzte jede nur erdenkliche Waffe gegen mich ein.

Sie ging dabei recht direkt vor und verbot und bestrafte alles gleichermaßen, egal, ob es sich dabei um schmutzige Knie oder Quengelei handelte. Dabei bediente sie sich so unterschiedlicher Dinge wie Abführmittel, Klistieren und erzwungener Märsche zur Toilette. Sie brachte meinem Körper Disziplin bei, indem sie mich selbst dazu zwang, die Kontrolle über ihn aufzugeben. Dieses Paradox erzeugte ein Schwindelgefühl in mir, so stark, daß ich nicht begriff, was hier eigentlich geschah. Ich liebte meinen Körper, spürte, wie er wuchs, und nutzte meine Beine, um von ihr wegzurennen. Aber ich lernte auch, daß seine schwarzen Untiefen alles andere als vertrauenswürdig waren und Bestrafung verdienten.

Meine Mutter macht viele liebevolle Gesten: Sie läßt mich ein kleines Kleid probieren, das sie mir gerade näht, kauft mir einen Teddybären im PX. Eines Nachmittags schreibt sie eine Geschichte über eine Kuh auf einem Feld, die von einem Unwetter überrascht wird. Die Geschichte habe ich mir ausgedacht. Sie hat dafür ein kleines Buch entworfen und gebastelt, indem sie ein großes Stück Papier faltete, den Rücken mit einem Bändchen zusammennähte und schließlich die Seiten auseinanderschnitt. Auf eine Seite zeichnet sie für mich die Kuh. Ich überlege die ganze Zeit hin und her, ob ich die Geschichte traurig enden lassen soll, zum Beispiel mit einem Blitz, der die Kuh trifft, oder fröhlich, bei strahlendem Sonnenschein. Ich weiß, daß meine Mutter mit dem fröhlichen Schluß mehr anfangen könnte, und ich selbst habe auch ein bißchen Angst vor dem Blitz, also entscheide ich mich für den guten Schluß. Meine Mutter malt noch einen Regenbogen über die Kuh.

Auf den Fotos sehe ich süß aus: blond, ein bißchen pummelig, ein Bändchen in den Haaren. Ich luge lächelnd hinter einem Tor hervor oder lehne am unteren Ende des Kamins, gleich rechts neben unserer Auffahrt.

Aber wenn meine Mutter die Gewalt über sich verliert, habe ich das Gefühl, als würde mich jemand in zwei Hälften zerhacken: Die eine Hälfte zürnt mit ihr, ihr Zorn durchdringt mich und all meine Gefühle – ja, sogar meinen Überlebenswillen. Ich glaube, daß sie wegen mir so aus der Fassung gerät, wegen des bösen Kerns, den ich in mir trage.

Ich sorge nunmehr dafür, daß dieser böse Kern nicht an die Oberfläche kommt und das brave, lächelnde, hübsche kleine Mädchen auf jenen Fotos, das Kind mütterlicher Perfektion, nicht Lügen straft. Selbst während meiner Auseinandersetzungen mit meiner Mutter findet diese Abspaltung statt und treibt hinaus aus dem Raum in die Ruhe des Sommertages. Die andere steht dort draußen und schaut mich an. Sie ist mein Felsen.

LETZTE SZENE: Ich lerne. Eines Nachmittags macht meine Mutter ein Nickerchen, und ich trete zur Haustür hinaus und gehe die Straße hinauf. Die Nachbarschaft liegt ruhig und träge da in der grellen Sonne. Keine Autos sind unterwegs. Ich gehe ein Stück Straße an unbebauten Grundstücken entlang, wo die Erde halb aufgegraben geblieben ist, seit die Depression eingesetzt hat. Ein Krater, der mit Gras und Unkraut überwuchert ist, erregt meine Aufmerksamkeit, und ich gehe vorsichtig zu seinem Rand hinüber. Ich habe meine Brüder erzählen hören, daß ihre Katze Bootsie weggelaufen sei. Ich stelle mir vor, daß Bootsie, ein braungetigerter Kater, völlig verdreckt in dem Krater sitzt. Wenn ich ihn finde, werde ich ein Held, aber ich habe Angst, in den Krater hinunterzusteigen, denn wenn ich ausrutsche, wird man das meinen Knien und meinem Kleid ansehen. Also stelle ich mir vor, wie Bootsie plötzlich aus dem Krater in die Freiheit entflieht.

Ich gehe weiter. Noch ein Block mit unbebauten Grundstücken folgt und macht mir ein wenig Angst. Schließlich gelange ich an den Rand einer anderen Gegend, wo große Häuser ein Stück von der Straße nach hinten versetzt stehen, zwischen hohen, schattenspendenden Bäumen. Die Häuser sind in unterschiedlichen Farben gestrichen; das Haus, das mir am nächsten liegt, direkt an der gegenüberliegenden Straßenecke, ist dunkelgrün und hat eine große Veranda. Ich bleibe noch ein bißchen auf meiner Seite der Straße stehen. Die Häuser und die Bäume ziehen mich magisch an; sie sind so anders als die niedrigen Buchsbaumhecken unserer Gegend, die kaum Schatten spenden. Ich stelle mir vor, wie ich den Weg zu dem grünen Haus hinaufschlendere. Als ich an der Kieferngruppe vor dem Haus anlange, spüre ich tief in meinem Innern das Geheimnis der Bäume, das befriedigender ist als die Ruhe der Kirche, rieche die kühle, trockene Rinde und die grünen Kiefernnadeln. Ich könnte hier im Schatten sitzen, oder die Haustür könnte aufgehen, und meine Mutter würde dort stehen, mit einem Krug Limonade, einem Lächeln und einer Umarmung, wie die Mütter in der Radiowerbung oder in den Frauenmagazinen. Drinnen im Haus sähe das Leben ganz anders aus.

Nach einer Weile drehe ich mich um und gehe über die heißen Pflastersteine wieder zurück. In der Ferne höre ich ein Dröhnen wie von einem Flugzeug, nur weniger aufdringlich als die Kampfflugzeuge, die manchmal über unser Haus hinwegdonnern. Ein kleines, breites Flugzeug taucht am Himmel auf, schmale Räder gleiten aus seinem fetten Körper. Noch während ich nach oben schaue, öffnet sich plötzlich eine Tür des Flugzeugs, und der Himmel und die Sonne verdunkeln sich einen Augenblick durch eine Wolke, die sich bereits nach kurzer Zeit in einzelne Fetzen auflöst und auf den Boden heruntersinkt.

Diese Fetzen fallen rund um mich herunter. Ich nehme einen davon in die Hand und schaue ihn an. Er ist orangefarben und hat schwarze Muster. Ich weiß, daß diese Muster Buchstaben sind. Einige Wörter kann ich entziffern, ein »und« und ein »von«. Das Papier liegt schwer in meiner Hand; es ist grob, und ich spüre die Maserung; ich stecke eine Ecke davon in den Mund und feuchte sie mit Speichel an. Es läßt sich leicht abreißen, und ich kaue darauf herum, während die einzelnen Blätter um mich herumflattern.

9. Kapitel
Reisen in *Arabia Deserta*

Vielleicht werden Sie sich über das wundern, was ich Ihnen jetzt sage: Zu dem Zeitpunkt, als meine Mutter Selbstmord beging, mochte ich sie lieber als jemals zuvor. Die körperlichen Auseinandersetzungen lagen schon etliche Jahre zurück; ich hatte sie mittlerweile vergessen. Ich war am Ende der Kindheit angelangt, wußte schon eine ganze Menge über die Welt und hing auch nicht mehr die ganze Zeit am Rockzipfel meiner Mutter, und dennoch war ich auch noch nicht unmittelbar mit Sexualität oder Tod konfrontiert worden. Ich genoß so etwas wie eine makellose Freiheit. Außerdem hatte meine Mutter schließlich auch versucht, mir etwas fürs Leben mitzugeben – so etwas wie Bildung. Sie hatte mich bei einer Privatlehrerin Französisch lernen lassen und ein Klavier gekauft.

Diese Lehrerin war eine Französin, eine Austauschlehrerin an unserer High-School, die erstaunlicherweise hier bei uns in Wayne wohnte, nur eine Haltestelle von St. Davids entfernt, wo wir mittlerweile seit zwei oder drei Jahren in unserem großen viktorianischen Haus lebten. In dieser Gegend wohnten alle Leute in Häusern; die einzigen Menschen, die meines Wissens in Wohnungen lebten, waren Familien, die sich keine Häuser leisten konnten, oder ältere Witwen, denen die Häuser zu groß geworden waren. Jedenfalls kannte ich keine jüngeren Frauen, die allein lebten.

Die Französin war jung. Am Samstagmorgen begrüßte sie mich immer im Negligé an der Tür. Das war das erste Mal, daß ich dieses pompöse Wort hörte. Sobald ich mich dann am Küchentisch niedergelassen hatte und Satz um Satz französische Texte in mein Heft abschrieb, verschwand sie zum Telefon im Wohnzimmer. Sie sprach Französisch, aber trotzdem lauschte ich; ich liebte den Klang dieser Sprache. Die Glastür mit den kleinen Vorhängen war halb geschlossen, aber ich konnte die Spitze eines pinkfarbenen Satinhausschuhs sehen und gelegentlich eine Hand, ein Handgelenk und einen Teil eines Satinärmels, wenn sie nach einer Zigarette griff. Sie war der erste Mensch, für den ich schwärmte. Es ging das Gerücht, daß sie mit dem gutaussehenden Austauschlehrer aus Schweden liiert war, und ich stellte mir vor, wie sie einander unglaublich romantische Dinge zuflüsterten, sie in Französisch, er in Schwedisch, und einander doch wunderbarerweise verstanden.

Etwa zur selben Zeit stellten meine Eltern ein Klavier aus Walnußholz in unserem Wohnzimmer auf und dazu *John Thomas' First Book for Children* auf den Notenständer. Fay, die halbwüchsige Tochter des irischen Friedensrichters von nebenan, brachte mir die Noten bei, und ich klimperte fröhlich die Melodien von »Chopsticks« und »Wolgaschiffer« vor mich hin. Für kurze Zeit hatte ich das Gefühl, etwas Besonderes zu sein, ein gebildetes Mädchen, das es mit jedem Jungen aufnehmen konnte. Die Tochter meiner Mutter.

Meine Mutter durchlebte gerade eine positive Phase – wie wir anderen auch war sie der Meinung, daß mein Vater nun endlich zum letzten Mal versetzt worden sei und daß seine nächste Beförderung die Stelle des Vizepräsidenten im Hauptquartier der Pennsy direkt in Philadelphia bedeuten würde. Sie hatte das Haus renoviert und die Gärten angelegt; sie kochte und backte tagelang und hatte trotzdem noch Energie für die Politik. Sie schloß sich der League of Women Voters an und saß bei den Wahlen des Jahres 1948 als Helferin an einem aufgebockten Tisch vor der Wahlurne, die in dem viktorianischen Geräteschuppen unter der riesigen Tanne in einem Winkel des Nachbargartens untergebracht war.

Wir spielten harmonische Familie. An Sommerabenden und während der Wochenenden half mein Vater meiner Mutter im Garten, zog sich dabei die khakifarbene Arbeitskleidung und die schweren, hochgeschnürten Stiefel an, die er immer als Quadratlatschen bezeichnete. Er machte das gerne, auch wenn er schwitzte, und stellte die Stangen für die Bohnen auf, damit sie sich daran hochranken konnten. Körperliche Arbeit versetzte ihn immer in die beste Stimmung. Wie meine Mutter so hatte auch er große Geduld im Umgang mit Dingen und schenkte ihnen gerne die Aufmerksamkeit, die sie erforderten. Er zeigte den Kindern, die gerade in der Gegend waren, immer gerne, wie er arbeitete, und trank dazu den Eistee meiner Mutter.

Er hatte beträchtliche Beträge in das Haus investiert: Er ließ die oberen Stockwerke isolieren, was drei Männer, eine große Pumpe, breite, biegsame Schläuche und jede Menge Fiberglas erforderte. Und er ließ eine gewaltige Grube in dem Garten neben dem Haus ausheben, wobei der Dreckhaufen daneben als Spielplatz für die Kinder der Nachbarschaft diente, bis ein Zehntausendliteröltank installiert wurde, so daß man endlich den Kohlenofen ausbauen konnte. Der Heizöllieferant sagte, das sei der größte Tank gewesen, den er jemals gefüllt habe. Das war typisch für meinen Vater, der alles andere als kleinlich war, wenn es um seine eigene Behaglichkeit ging. Vermutlich dachte er, er würde für eine größere Menge einen besseren Preis bekommen, und seine riesigen Vorräte würden ihn vor allen Preisschwankungen bewahren.

Meine Brüder entwickelten sich gut. Arno spielte Football für die High-School-Mannschaft, sang im Chor und legte sich eine feste Freundin zu, die er schließlich auch heiratete und deren Mutter meine Mutter später ihre Verzweiflung anvertraute. Hal schloß sich einer Pfadfindergruppe an, die sich in einer echten Blockhütte in den Wäldern traf, und ging mit einem richtigen Gewehr jagen. Erik bekam dafür die abgelegte Flinte und schloß sich notgedrungen der Wölflingsgruppe an, die meine Mutter für ihn, ihren Lieblingssohn, begründete. (Er benützte die Flinte nie, während ich, die ich sie nicht einmal anrühren durfte, das natürlich liebend gern getan hätte.)

Endlich kam ich als Kind auch zu meinem Recht. Als wir einzogen und ich das kleine, abgelegte Zimmer ganz hinten im zweiten Stock bekam, klebte mein Vater Sternchen an die Decke, die im Dunkeln leuchteten, damit ich mich nachts nicht so allein fühlte. Er und meine Brüder bauten zusammen für mich einen Sandkasten neben dem alten Geräteschuppen hinter dem Haus, aber sowohl dieser Sandkasten als auch mein Zimmer waren zu isoliert und ungeschützt, als daß ich mich dorthin hätte zurückziehen können; ich hatte anderes im Sinn.

Endlich kam ich in die Schule; das war mein Traum gewesen, seit ich denken konnte. Plötzlich durfte ich mich in der Gegend herumtreiben. Die unmittelbare Nachbarschaft wurde begrenzt von zwei Bahnhöfen: dem unseren, St. Davids, ungefähr einen halben Kilometer in Richtung Wayne gelegen, und dem anderen, Radnor, etwa einen Kilometer in die andere Richtung. Als Angehörige eines Eisenbahnangestellten hatten wir spezielle Ausweise und fuhren den etwa eineinhalb Kilometer langen Schulweg nach Wayne mit dem Zug. Alle Schaffner, stämmige Männer mit steifen Hüten aus dunkelblauem Stoff mit dem rot-goldenen Emblem der Pennsylvania Railroad über den glänzenden Mützenschildern, kannten meinen Vater und begrüßten mich namentlich.

Als ich in die Schule ging, glaubte ich, daß ich im Leben eine genauso wichtige Stellung einnehmen würde wie meine Brüder, daß die Menschen um mich herum mich beachten würden. Mein fröhliches, offenes Wesen verschaffte mir überall sofort Freunde. Ich hatte eine beste Freundin und lernte, mich innerhalb des sozialen Gefüges der ersten Klasse zu bewegen. Ich lernte, den Lehrer zu beeindrucken, ohne mich bei meinen Mitschülern unbeliebt zu machen, und führte, als wir dann schließlich lesen konnten, eine kleine Gruppe von Mitschülern an, die sich gegen *Dick and Jane* als Lektüre wehrten.

Die meisten von uns waren die jüngsten Geschwister, ehrgeizig und wettbewerbsorientiert, die sich bereits selbst das Lesen beigebracht hatten oder es ganz nebenbei von den älteren Geschwistern gelernt hatten. Ich selbst hatte das Alphabet mit Hilfe des Straßenspiels gelernt, doch Wörter konnte ich lesen, weil mein kleines Zimmer gleich neben dem Bad, am Fuß der Treppe zu den Schlafzimmern der Jungen, sich ganz natürlich zum Treffpunkt innerhalb des Hauses entwickelte; die Brüder, ja manchmal sogar mein Vater oder meine Mutter, blieben davor stehen, wenn sie ins Bad wollten, machten Scherze, lasen vielleicht auch einmal ein paar Kinderreime vor. Ich lernte diese Reime auswendig und sprach sie zusammen mit dem jeweils Vortragenden. Ich brachte mir selbst das Lesen bei, indem ich mir die Seiten anschaute und das, was meines Wissens darauf stehen mußte, mit den Worten verband, die ich sah. Dann probierte ich beim nächsten Vortragenden aus, wie er auf mein Können reagierte.

In der Schule fielen meine Fortschritte natürlich auf; endlich gab uns die Lehrerin in der ersten Klasse richtige Bücher mit richtigen Geschichten, um uns zu beschäftigen. Aber wir mußten noch immer abwechselnd laut vorlesen, und zwar jene dümmlichen Geschichten von Dick und Jane und ihrer Familie und deren blödsinnigen Aktivitäten.

Mein Hunger nach Menschen war kaum zu stillen. Ich freundete mich mit Kindern der Nachbarschaft an, manche davon lernte meine Mutter nicht einmal kennen. Und ich lernte, eine der Möglichkeiten auszunützen, die Kindern offensteht: einfach in der Gegend herumzustreunen. Ein wachsames Kind kann sich in fast jede Familie einfügen; man kann immer spielen oder auf ein Tier aufpassen oder eine Kleinigkeit essen. Auch Erwachsene kann man ausnützen: großzügige oder auch nur tolerante Mütter, Rentnerehepaare, deren eigene Kinder bereits erwachsen sind, kinderlose Ehepaare. Die Erwachsenen konnten mich leiden. Ich war schnell, hatte eine rege Phantasie und Sinn für Humor und konnte unglaublich charmant sein. Kurz gesagt: Ich hatte Erfolg bei den Erwachsenen.

Außerdem war ich privilegiert. Wir hatten eine Zugehfrau und eine Frau, die bügelte, also mußte ich, was den Haushalt anbelangte, nicht allzuviel helfen. Abgesehen von der Schule, den Essens- und Schlafenszeiten war ich mein eigener Herr. Meine Mutter machte am Nachmittag meistens noch ein Nickerchen, aber mittlerweile machte ich mir keine allzu großen Gedanken mehr darüber, ob sie merken würde, daß ich weggegangen war. Manchmal schien sie es nicht zu merken und machte sich offenbar auch nicht viel daraus.

Ein- oder zweimal die Woche verlor sie die Geduld und verbot mir, unseren Garten zu verlassen, aber ich mußte nur warten, bis sie ihr Schläfchen hielt, dann konnte ich unbemerkt hinausschlüpfen.

Die Gegend war ziemlich bizarr, was die Bevölkerungsstruktur anbelangte: Es gab riesige Anwesen, dazwischen Arbeiterfamilien in kleinen Reihenhäusern und ein Mietshaus unten bei der Radnor Station sowie die großen Häuser der *haute bourgeoisie* in unserem Bereich. Ich war nicht wählerisch, wohin ich lief, und rannte genauso gerne die schmiedeeiserne Außentreppe zu dem Wohnhaus hinauf, wo ganze Familien sich ein paar Räume teilten, wie die mit Teppich ausgelegten Treppen der großen, neogeorgischen oder Tudorhäuser mit Bediensteten und zahlreichen Schlafzimmern. Ich besuchte den Mann, der angeblich seine Haushälterin nach dem Tod seiner Frau geheiratet hatte, und ich aß Eis zusammen mit dem Rentnerehepaar, das mir so gerne seine Heimvideos zeigte. Die Tochter eines Baptistengeistlichen wurde eine meiner besten Freundinnen, und auch mit der Tochter sizilianischer Einwanderer freundete ich mich an.

Theresa Lentini, deren Eltern kein Englisch konnten, war ein paar Jahre älter als ich, aber, wie ich glaubte, auch viel naiver. Sie hatte jedoch drei ältere Brüder, so daß wir einander gut verstanden. Sie lebte nur einige Häuser weiter in einem kleinen Backsteinhaus am einen Ende unserer viktorianischen Enklave. Wir verbrachten viel Zeit damit, Fluchtmöglichkeiten vor ihren Aufgaben im Haushalt und vor ihrer Mutter zu finden, die mit Luchsaugen über sie wachte und deren Welt aus Putzen, Waschen und Kochen für ihre Männer bestand (in dieser Reihenfolge) und die Theresa als ihren Lehrling betrachtete. Wenn ich Hausarrest hatte, mußten wir zwei Mütter hinters Licht führen, und dann schlichen wir an Hecken entlang und durch Gärten, bis wir von beiden Häusern aus nicht mehr gesehen werden und mutig auf die Straße hinaus und bis zu dem Süßwarenladen hinunterschlendern konnten, der an die kleine Tankstelle nahe der Radnor Station angeschlossen war.

Dieser Laden war eine dunkle Höhle mehrere Stufen unterhalb des Straßenniveaus. Die rauhen, weißgestrichenen Steinwände waren über und über mit zerfledderten Eis- und Getränkeplakaten behängt, und die alte Holztheke war vollgestellt mit großen Gläsern voll Lakritze und Gummibärchen, Rabattmarken, Drehständer mit Schlüsselkettchen, kleinen Kartoffelchiptüten, Aspirinpackungen und Alka Seltzer. An heißen Sommertagen rannten wir über den weichen Asphalt der winzigen Tankstelle, wo früher einmal der Garten des Besitzers gewesen war, vorbei an der einen Zapfsäule, die zwischen der Haustür und dem Panoramafenster stand. Wir kletterten die steilen Stufen zu dem ehemaligen Keller hinunter, drückten die schartige Holztür auf, stürzten uns in den Schatten und die Kühle, begrüßten den Verkäufer hinter der Theke, den Mann, die Frau oder die älteste Tochter, und bedienten uns immer wieder aus der großen Kühltruhe an der gegenüberliegenden Wand. Wir hoben den Deckel und holten ein Dixie Cup oder ein Popsicle heraus. Und dabei steckten wir die Köpfe so weit wie möglich hinein, damit wir die Kälte einatmen konnten.

Sooft ich konnte, trieb ich mich jedoch in Mrs. Lentinis Küche herum, weil sie die meiste Zeit kochte und ich Theresa dabei half, Pasta zu machen. Der Vorgang war erstaunlich für mich: Theresa formte einen runden Berg aus Mehl auf dem Küchentisch, goß Milch und Eier in die in die Mitte gedrückte Lagune und zerstörte nach und nach den Berg, indem sie das Mehl vorsichtig mit der Flüssigkeit vermengte. Wir formten den elastischen Teig zu Laiben und trieben ihn durch die Nudelmaschine, an deren anderem Ende breite, flache Lasagnenudeln herauskamen oder schmale, flache Fettuccine oder runde Spaghetti von dünn bis dick. Dann hängten wir die fertigen Nudeln über den hölzernen Handtuchhalter zum Trocknen.

Manchmal wagte ich es, so lange zu bleiben, bis meine Mutter anrief und mich nach Hause beorderte; wenn ich Glück hatte, kam Theresas Vater, der als Gärtner arbeitete, oder einer der Brüder und wollte etwas zu essen haben, so daß auch für mich ein paar Nudeln abfielen. Es erstaunte mich nicht, daß Männer etwas zu essen bekamen, wenn sie danach verlangten, während Theresa zu bestimmten Zeiten essen mußte: Ich hatte keine Skrupel, daß ich als Gast dieses Privileg bis zu einem gewissen Grad teilte. Normalerweise profitierte Theresa von dem Vorteil, den ich genoß, und bekam auch ein paar Nudeln.

Meine beste Freundin aus der Schule, Judy Marshall, wohnte nicht weit weg von den Lentinis in einem Neotudorhaus mit einem riesigen Spielzimmer im zweiten Stock. Dort gab es Fensterbänke und holzverkleidete Wände mit Geheimtüren, die in mysteriöse Speicherwinkel führten. Im Wohnzimmer lag ein Teppichboden, darüber orientalische Teppiche und mit gelber Seide gepolsterte Stühle. Ich sah Mrs. Marshall nie selbst kochen, aber sie machte uns Thunfischsandwiches in ihrer modernen Formicaküche, saß zusammen mit uns am Tisch und unterhielt sich mit uns, während wir aßen.

Die Art und Weise, wie sie, immer gutgelaunt, mit Judy umging, faszinierte mich; ich wollte auch teilhaben an ihrem stillen Einverständnis, wollte zu einem Teil dieser Verbindung werden. Theresa Lentini und ihre Mutter waren unglaublich interessant für mich und wirkten irgendwie romantisch: Ich liebte die Gerüche dort in ihrer Küche, genoß das, was es dort zu sehen und zu schmecken gab, und insgeheim beneidete ich Theresa um ihre Mutter, die immer wußte, was zu tun war. Aber Mrs. Lentini war so etwas wie ein Paradox; sie war ganz eindeutig der Mittelpunkt der Familie, und doch waren Theresa und ich uns einig, daß sie ein hartes Leben führte, das wir auf keinen Fall für uns wollten. Mrs. Marshall schien die Alltäglichkeiten des Haushaltes zu transzendieren. Sie wirkte immer zufrieden, schien sogar so etwas wie Macht zu besitzen; das Band zwischen ihr und Judy wirkte so fest, daß man fast schon den Eindruck von Selbstgefälligkeit bekommen konnte. Sie schienen einer höheren Spezies von Frauen anzugehören; ich hatte den Eindruck, daß sie die allgemein üblichen Regeln für Frauen nicht beachten mußten, und das verband sie mit den Lentinis.

Ich konnte die Häuser anderer Leute gar nicht oft genug sehen; sie waren für mich so etwas wie das Ausland – mysteriös, unbekannt, vielleicht der Schlüssel zu den Geheimnissen des Universums. Wie ein romantischer Reisender des neunzehnten Jahrhunderts tauchte ich ein in das tägliche Leben der Menschen, nahm ihre Sitten an, stellte mir vor, einer von ihnen zu sein. Häuser, die ich nicht von innen kannte, waren für mich eine Herausforderung; ich versuchte ganz bewußt, mit den Familien Kontakt aufzunehmen, die darin lebten. Ich war bereit, alles und jeden zu akzeptieren; wie ein unerforschtes Gebiet für den unermüdlichen Wanderer, so war auch jedes Haus oder jede Wohnung eine Bühne für ein anderes Ich, jeder Raum auch für mich eine Bühne, auf der ich auftreten konnte.

Wenn ich in der richtigen Stimmung war, machte ich mich auf den Weg zur Radnor Station, um jemanden zu besuchen, der ganz anders war als die Marshalls oder die Lentinis mit ihren eigenen, geordneten Lebensweisen. Jemanden wie den Jungen, der in dem großen, heruntergekommenen Farmhaus lebte, ein Überbleibsel aus früheren Zeiten, als die Gegend noch ein Vorort war, auf einem eigenen kahlen Hügel, und das war alles, was von dem ursprünglichen Land noch übriggeblieben war. Die Freundin meiner Mutter war ein wenig füllig, freundlich und meist geistesabwesend und schien es aufgegeben zu haben, ihre Kinder in den Griff bekommen zu wollen. Sie saß nur einfach am Küchentisch, verteilte Orangensaft aus einem verdreckten Plastikkrug an die Horden von Kindern, die ständig ein und aus gingen, alle von oben bis unten verschmutzt, rotznasig und laut.

In den Geschichten, die ich mir ausdachte, war ich für gewöhnlich ein armes Kind, vielleicht von Einwanderern, und machte mir meine eigene Seife aus Lauge und Asche wie Mrs. Lentini. Ich verbrachte viel Zeit mit Spielen in einem schmutzigen kleinen Raum oder Schuppen unter unserer seitlichen Veranda. Dieser Raum hatte ein einzelnes viereckiges Fenster ohne Glas und einen Türrahmen ohne Tür. Eingerichtet war er mit einem behelfsmäßigen Tisch, der wackelig auf den sich überlappenden Linoleumstücken stand, die den unebenen, schmutzigen Boden nicht ganz bedeckten. In der einen Ecke sprossen geisterhafte Ailanthusbüsche zwischen den Überresten eines Holzstoßes empor. Ich fand diese Kombination aus Schmutz, Armut und Exotik unwiderstehlich. Der Raum diente mir als Spielstätte, als Eisenbahnabteil und Schiffskabine. Einer meiner Brüder nagelte den Deckel einer Pfirsichkiste an die eine Ecke des Türrahmens, damit ich ein Steuerrad hatte. Ich konnte Billy the Kid spielen hier in diesem Versteck oder eine unschuldige Waise, konnte mir mein eigenes Leben ersinnen, allein leben in einer Pionierhütte.

Ich hatte viel Spaß in diesem kleinen Raum, meist war ich dort allein. Der Raum war so etwas wie das gegenständliche Pendant zu den innerhalb der Familie gängigen Vorstellungen von Stoizismus und Askese. Gleichzeitig jedoch boten sein verwahrloster Zustand und die zufällige Zusammenstellung der Dinge, die sich darin befanden, eine Antwort auf den zwanghaften Sauberkeitswahn meiner Mutter und ihre strikte Ordnung. Ich nahm nur selten Freunde dorthin mit. Der Raum war zu nahe beim Küchenfenster, das sich direkt darüber befand, um sich wirklich ungestört unterhalten zu können. Aber ich glaube, der wahre Grund war, daß ich den Raum immer mit den Augen meiner Freunde sah, wenn ich mit ihnen zusammen war, und das erzeugte in mir das Gefühl, daß ich den Raum und mich selbst schützen mußte. Seine Stille und Einsamkeit und auch seine Düsternis regten meine Phantasie an.

Häufig spielte ich einen Jungen; schon früh hatte mich die Tatsache beeindruckt, daß die Mädchen in meiner Familie keinerlei Vorteile genossen. Als die Jüngste war ich ohnehin die Kleinste und Schwächste; und als Mädchen nahm ich nur eine Randstellung in der Familienhierarchie ein. Ich war jahrelang die Statistin in der Familie, Zuschauer und Cheerleader für meine Brüder, deren Aktivitäten auf diese Weise so real wurden, wie meine eigenen es nie waren.

Mein Vater oder meine Mutter nahmen uns immer alle zu den Pfadfinder- und Wölflingstreffen und -feiern mit, wo man voller Stolz, zum Beispiel an einem Gurt festgemacht, ein Seil vom einen Ende des Turnsaals zum anderen entlangrutschte. Am Samstagnachmittag gingen wir für gewöhnlich alle zu den Footballspielen meines älteren Bruders. Meine Mutter nahm mich auch hin und wieder mit zu den Rugbyspielen meiner Brüder, die in Gesellschaft anderer Mütter und kleiner Brüder an kühlen, nebligen Novembernachmittagen auf einem feuchten Feld stattfanden.

Als meine Mutter damals in Fort Wayne eine Pfadfindergruppe für Erik geleitet hatte, mußte ich natürlich immer zu den Treffen mit. Um mich zu beschäftigen, ließ sie mich zusammen mit den Jungen lernen, wie man Pappmaché herstellt, und schickte mich dann in eine Ecke, damit ich etwas Einfaches, wie zum Beispiel einen Ball aus Ton, bastelte und diesen dann mit Pappmaché umwikkelte, während die Wölflinge ihren eigenen Aufgaben für diese Woche nachgingen. Ich hatte immer das Gefühl, daß alles, was ich machte, nicht wirklich war, gleichgültig, wieviel Spaß es mir machte – und so ein bunt orangefarbener Pappmaché-Ball ist mit Sicherheit ein schöner Anblick für eine Vierjährige. Meine Mutter, die wirkliche und wichtige Dinge machte, schenkte meinen Produkten für gewöhnlich keine Beachtung. Einer von den Jungs sah sie vielleicht einmal an und sagte etwas Nettes, aber ich wußte, daß meine Sachen eigentlich nicht zählten.

Also hatten die Französischstunden und das Klavierspielen eine ausgesprochen große Bedeutung für mich. Schließlich trugen sie dazu bei, meine Existenz innerhalb der Familie zu rechtfertigen. In der Schule wandte ich mich wie selbstverständlich dem Theater zu, wo meine Phantasien Realität wurden und wo mir alle beim Theaterspielen zuschauten. Oft tat ich mich dabei mit meiner besten Schulfreundin zusammen, die Tochter eines Tierarztes. Wir waren beide ziemlich lebhaft und freuten uns, wenn wir Mounties hinter

Hundeschlitten darstellen und umgedrehte Holzstühle über die arktische Tundra der Schulbühne schieben konnten.

Ich hatte keine Schwierigkeiten, die Einsamkeit gegen die Gesellschaft anderer Menschen einzutauschen und umgekehrt, und auch nicht, zwischen den so unterschiedlichen Welten meiner Freunde hin und her zu wandern. Da mir die Geschichten, die ich mir ausdachte, wenn ich allein war, nicht weniger real vorkamen als das tägliche Leben der Familien, die ich besuchte, gelang es mir, eine gewisse Kontinuität herzustellen. Trotzdem fehlte mir etwas. In jeder Familie entfaltete sich das reale Leben für mich in voneinander unabhängigen Kapiteln, die dennoch alle recht ähnlich waren. Ich erkannte die Muster: die Nudeln, die fast jeden Tag in der Küche der Lentinis gemacht wurden; die Kinder, die bei den Gerharts gleich über die Straße nicht ins Wohnzimmer durften; das ältere Ehepaar, das immer mit dem Eis und dem Projektor auf mich wartete. Was ich nicht sah, aber gerne mitbekommen hätte, waren die Einzelheiten, die den Bezug der Menschen zu ihren ureigensten Realitäten herstellten – die Dinge, die gesagt oder verschwiegen, getan oder unterlassen wurden im Zusammenhang mit den Sitten und Bräuchen, die so vertraut waren, daß sie kaum jemand bewußt wahrnahm.

Ich sehnte mich danach, wie diese Leute zu sein, die kleinsten Kleinigkeiten ihres Lebens einzufangen. Ich merkte mir die Grundrisse ihrer Häuser, die Einrichtung der Räume. Ich kannte jedes Detail der Schutzdeckchen auf der kastanienbraunen Sitzgarnitur im Wohnzimmer der Lentinis, der altmodischen Waschmaschine im Keller, direkt neben den abgesplitterten Holzregalen, auf denen Dosen mit saftigen kleinen Teigwaren und spröden, flachen, süßen Keksen standen, die auf dem Herd mit einem kleinen, diamantförmigen Waffeleisen gemacht wurden und auf die Tanten und Onkel warteten, die am nächsten Feier- oder Geburtstag das Haus füllen würden. Ich hatte dabei geholfen, diese Teigwaren herzustellen, und manchmal half ich auch Theresa dabei, sie den Onkeln von Tellern aus geschliffenem Glas zu servieren und ihnen Bierflaschen zu bringen, wenn sie sich nach einer guten Mahlzeit zum Verdauen zurücklehnten. Ich schaute ihnen fasziniert dabei zu, wie sie den Knopf an ihrer Hose öffneten, damit der Bund nicht so drückte.

Manchmal, wenn ich allein im Spielzimmer der Marshalls war oder spät am Nachmittag draußen auf dem Softballfeld und eigentlich nichts Besonderes zu tun hatte, sondern einfach nur zusah, wie die blauen Schatten auf dem Gras immer länger wurden und wie das Licht sich veränderte, weicher, kühler und allmählich malvenfarbig wurde, wie das allmähliche Verschwimmen der Konturen den Dingen eine Zartheit verlieh, die sie im grellen Licht der Mittagssonne nicht hatten, dann überkam mich plötzlich ein Gefühl der Begeisterung und die Erkenntnis, wie zerbrechlich doch die Zeit ist.

Ich war erstaunt über meine Fähigkeit, diesen Augenblick aufzunehmen, bevor er auf ewig dahin war. Aber ich wurde auch nicht das Gefühl der Isolation los und merkte plötzlich, wie sehr ich es genossen hatte, den ganzen Nachmittag mit anderen zusammenzusein. Alle anderen um mich herum genossen dieses Gefühl offenbar noch immer. Ich pflegte diese Sensibilität, diese Melancholie; sie bewies mir, wie sehr ich ein Außenseiter war, weil im Mittelpunkt meines Lebens nicht so etwas wie Vertraulichkeit stand.

Meine Mutter billigte meine bizarre Auswahl von Freunden nicht. Es trieb sie fast zum Wahnsinn, daß ich soviel Zeit bei Theresa Lentini verbrachte. Die Main Line war extrem snobistisch eingestellt. Die Mittelschicht hielt sich für etwas Besseres, weil sie so nahe bei den großen Anwesen lebte, wo bereits kaum noch Menschen wohnten, als ich ein Kind war, deren Ruf aber immer noch fortdauerte und der Gegend einen Hauch von Exklusivität verlieh. Meine eigene Familie war vermutlich noch versnobter als die meisten anderen, denn schließlich hielten wir uns für allen anderen überlegen – den meisten Angehörigen der Oberschicht mit ihrer Abhängigkeit von Geld und Vergnügen und auch den Angehörigen der Mittelschicht, von denen man das gleiche behaupten konnte. Wir waren für die Ivy League und die Seven Sisters bestimmt, während die meisten unserer Freunde wohl am Penn State oder Garland Junior College oder auch am Slippery Rock State Teachers' College landen würden. »Vergiß nicht, daß wir zu der intelligenteren Hälfte der Menschheit gehören«, sagte mir Hal einmal, als ich als Teenager unbedingt mit einem Jungen ausgehen wollte, den er nicht für geeignet hielt.

Meiner Mutter machte es Spaß, die Geburtstagsfeiern der Kinder zusammen mit den konventionellen und konservativen Müttern meiner Schulfreundinnen zu planen, aber bei ihren politischen Versammlungen hatte sie es mit den Adeligen der Gegend zu tun, die bedeutend liberaler waren, viele von ihnen Quäker. Was meine Freundinnen, wie zum Beispiel Theresa, anbelangte, hegte sie eher gemischte Gefühle. Die Mittelschicht hatte ihre Vorurteile; die Mutter eines Mädchens aus der Klasse meines älteren Bruders, die an der High-School Cheerleader war, verbot ihrer Tochter, mit einem von Theresas älteren Brüdern auszugehen, weil dieser Italiener war. Das widersprach den sozialistischen Prinzipien meiner Mutter, aber eigentlich sah sie es auch lieber, wenn ich mir andere Freunde suchte. Also sagte sie mir, ich gehe den Lentinis nur auf die Nerven, und gab mir Hausarrest, doch ich lief davon und tat, was ich wollte.

Ich war stur, wie alle in meiner Familie. Letztlich waren wir eine Familie von Extremisten. Wir wollten alle die völlige Kontrolle: mein Vater über den ganzen Haushalt; meine Brüder in ihrer eigenen kleinen Welt; meine Mutter über mich und über das, was sie als ihr ureigenstes Reich, nämlich der Haushalt, betrachtete; ich über meine eigene Zeit und meinen eigenen Raum. Wir hatten alle keine Ahnung von der hohen Kunst der Kompromisse und des Entgegenkommens. Wir bewahrten die Kontrolle, indem wir Distanz hielten. »Treffe dich nur selten mit deinen besten Freunden und mit Bekannten kaum jemals«, sagte Hal mir einmal Jahre später.

Innerhalb der Familie mußten wir einander jeden Tag sehen; wir bewältigten diese Situation, indem wir schwiegen. (Das war übrigens der zweite Teil eines Sinnspruches, den mein Vater aus Militärzeiten herübergerettet hatte; der erste besagte, man solle immer versuchen, für eine geregelte Verdauung zu sorgen.)

Einmal, als ich sieben war, fragte ich meine Mutter, wie man merkte, daß man schwanger sei. (Erst vor kurzem hatte ich einer von unseren Katzen beim Werfen zugesehen.) »Ach, das weiß man einfach«, sagte meine Mutter. Ich war mir ziemlich sicher, daß das etwas war, was einen einfach aus dem Hinterhalt ansprang, ganz ähnlich wie Erik, der sich hinter der Hecke oder dem Sofa oder unter meinem Bett versteckte, um sich auf mich zu stürzen, mit einem Kissen nach mir zu werfen oder mich zu erschrecken. Ich wußte, daß Babys etwas mit den Körperfunktionen zu tun hatten, vielleicht mit dem, was man zu sich nahm, und in meiner Welt hatten diese Dinge immer mit Hinterhalt und Angriff zu tun.

Meine Mutter war damals natürlich mit ihren eigenen Projekten beschäftigt. Manchmal, zum Beispiel beim Kochen und Gärtnern, konnte ich mitmachen. Vor dem Schlafengehen las sie mir noch immer gerne vor. Hin und wieder brachte ich sie dazu, mit mir zu spielen, aber dafür mußte sie in der richtigen Stimmung sein. Meine Beziehung zu ihr sah letztlich immer noch so aus, daß ich ihre Laune zu erraten versuchte und mich von ihr fernhielt, wenn dies besser zu sein schien. Aber allmählich wurde ich selbständiger; ich bekam mehr Kraft. Obwohl sie noch immer erwartete, daß ich die Augenblicke nützte, in denen ihr der Sinn nach Geselligkeit stand, unternahm ich öfter etwas allein oder mit Freunden. Normalerweise las ich mir lieber selbst vor, was meiner Mutter überhaupt nicht gefiel, wenn sie Laune hatte, mir vorzulesen.

Eines Abends, als meine beste Schulfreundin bei mir übernachtete, fingen wir eine Wasserschlacht in der Badewanne an. Meine Mutter, die sehr auf Äußerlichkeiten achtete, hatte uns vorlesen wollen und sagte uns, wir müßten uns entscheiden zwischen der Wasserschlacht und der Geschichte. Wir entschieden uns für die Wasserschlacht – oder vielmehr tat ich das; da es unser Haus und meine Mutter war, fügte meine Freundin sich meinem Willen. Ich spürte, wie wichtig und erregend diese Entscheidung war; es war das erste Mal, daß ich mir meiner Macht in einer Auseinandersetzung mit meiner Mutter bewußt wurde. Das war etwas ganz anderes als meine ständigen Bemühungen, ihren Anweisungen auszuweichen. Ich war mir völlig im klaren darüber, daß meine Stärke von der Anwesenheit einer Verbündeten abhing, aber das schmälerte nicht meine Befriedigung darüber, daß es mir gelungen war, meine Mutter in die Knie zu zwingen.

Ich spürte, daß sie verletzt und gleichzeitig verärgert war, auch wenn sie nur mit kühler Distanziertheit reagierte; jetzt, wo ich größer war, geriet sie nur noch selten aus der Fassung, und das niemals, wenn andere Leute dabei waren. Trotzdem trübte die Tatsache, daß sie verletzt war, meine Freude; ich hatte Schuldgefühle, weil ich sie einer Gelegenheit beraubt hatte, mir vorzulesen. Aber ich hatte auch das Gefühl, daß sie mich verraten hatte, weil sie mich zwang, mich zwischen dem zu entscheiden, was sie wollte, und dem, was ich wollte, und mir dann Schuldgefühle machte, weil ich mich tatsächlich für das entschied, was ich wollte.

Ich begann allmählich zu begreifen, daß ich die Anerkennung, die ich mir durch den Schulbesuch erhofft hatte, nicht bekommen würde. Ein Zwischenfall mit meinem ersten Lesebuch, dem verhaßten *Dick and Jane*, lieferte mir den letzten Beweis. Obwohl ich schon lesen konnte, war doch das Austeilen der ersten Bücher für mich so etwas wie ein Triumph gewesen, eine Anerkennung, und ich hatte meinen Band voller Stolz nach Hause getragen. Dabei hatte ich mir vorgestellt, wie meine Mutter mir mit stolzer und glücklicher Miene gratulieren würde. Aber als ich dann tatsächlich nach Hause kam, das Buch in der ausgestreckten Hand, kam sie gerade mit ein paar Freundinnen aus dem Haus. Ich versuchte, ihr meine Trophäe zu zeigen, aber sie lachte nur und sagte, sie würde sie sich später ansehen. Als sie und ihre Freundinnen an mir vorbei über die Veranda zu dem wartenden Auto gingen, bemerkte meine Mutter, in leicht entschuldigendem Tonfall, daß Kinder doch immer im ungeeignetsten Augenblick etwas wollten.

Vermutlich suchte ich im Leben anderer Menschen nach folgenden Dingen: Nach dem Gefühl, daß es Welten gab, wo einem nicht sofort wieder alles weggenommen wurde, wenn man etwas hatte, daß es Welten gab, wo man miteinander und füreinander da war und einander achtete, so daß man nicht immer ein schlechtes Gewissen haben mußte, wenn man sich einmal durchsetzte.

10. Kapitel

Nach dem Frieden folgt der Kalte Krieg

Meine erste Erinnerung an eine Waffe reicht zurück zu dem Tag, als ich meinen Vater mit einer 45er aus Plastik bedrohte. Er packte sie und nahm sie mir weg. »Bedrohe niemals einen Menschen mit einer Waffe«, sagte er mit strenger Miene, »nicht einmal mit einer Spielzeugwaffe.« Ich war damals vier oder fünf Jahre alt, und das, was er sagte, ergab keinen Sinn für mich, weil ich doch ganz deutlich sah, daß die Spielzeugpistole nicht einmal ein Loch im Lauf hatte.

Mittlerweile bin ich der Meinung, daß dieses grundsätzliche Verbot durchaus Sinn hatte. Schließlich wußte keiner, wozu wir alle fähig wären. Da wir Dingen mehr trauten als uns selbst, projizierten wir früher oder später alles, was wir zu verstecken glaubten, auf ein Objekt oder eine andere Person. Für mich waren Schußwaffen die adäquatesten Mittel der Aggression, denn wir distanzierten uns für gewöhnlich so weit wie möglich und schossen dann einfach los.

Mein Vater konnte mit Waffen umgehen. Er besaß zwar keine eigenen Waffen, und ich sah ihn auch nur selten mit einer, aber sein Wissen um den richtigen Umgang mit ihnen und seine Fähigkeit, ihre Macht unter Kontrolle zu halten, war für ihn so etwas wie ein Zeichen von Männlichkeit – jedenfalls für ein Zeichen militärischer Männlichkeit. Und diese militärische Männlichkeit war sein Ideal; davon zeugten all die Fotos von ihm in Uniform. Waffen gehörten zu diesen Uniformen. Waffen waren stärker als Hitler und Hirohito und die Indianer. John Wayne benützte Waffen und Gary Cooper. Waffen waren die paradoxen Symbole von Macht und Autorität einerseits und Freiheit und Unabhängigkeit andererseits.

Sie waren gleichbedeutend mit Kontrolle.

Mein mittlerer Bruder Hal, der Pfadfinder, war der einzige, der sich für Waffen interessierte. So lange ich mich zurückerinnern kann, hat er sie gesammelt. Er hatte schon immer eine oder zwei alte Gewehre, dazu ein paar Büchsen, eine Schrotflinte und einige Pistolen. Ich glaube nicht, daß er jemals viel gejagt hat; hin und wieder ging er zum Tontaubenschießen. Doch eigentlich hatte er nur einfach gerne Waffen um sich und pflegte sie. Manchmal steckte er ein paar Gewehre in ihre Lederhüllen, legte sie auf den Rücksitz seines Autos und fuhr damit in der Gegend herum. Er war der mittlere Junge bei uns in der Familie, und die mittleren Kinder sind für gewöhnlich diplomatisch. Vielleicht gaben ihm die Waffen das Gefühl, daß es irgendwann einmal einen Punkt geben könnte, wo er nicht mehr diplomatisch sein mußte.

Erinnerungen an Waffen: Meine Mutter ist noch am Leben, und wir verbringen den Sommer auf einer Farm in Pennsylvania. Meine Brüder hängen eine Zielscheibe an einen niedrigen jungen Baum neben dem Haus und schießen mit Hals .22er darauf, bis die Scheibe völlig zerfetzt ist. Ich beneide sie um die Freude, die sie dabei empfinden, aber ich verstehe sie nicht. Sie lachen über die Männer, die auf dem Feld Tomaten ernten. Aus einem mir nicht verständlichen Grund finden sie diese Männer unheimlich witzig. »Joe White und seine Puertorikaner«, singen sie und ballern los. Sie schießen ein halbes Dutzend Zielscheiben herunter, bevor es ihnen langweilig wird. Als ich zu dem Baum hinübergehe, sehe ich, daß sie auch diesen zerfetzt haben. Die ganze Sache erscheint mir ziemlich sinnlos und laut und unglaublich gewalttätig. Ich frage mich, ob Joe White und die Puertorikaner gehört haben, wie meine Brüder während ihrer Schießversuche über sie gespottet haben.

Ich habe ein Foto von mir selbst, auf dem ich, mit einer Jeans bekleidet, eine ungeladene .22er auf den Knien, auf einer Egge sitze. Wie viele andere Dinge auch, die meinen Brüdern gehören, begehre ich diese Büchse, aber dabei geht es mir nicht um die Waffe selbst, sondern um den Status, den sie mir meiner Meinung nach verleihen wird.

Dieser chronische Neid macht es meinen Brüdern leicht, mir Streiche zu spielen. Später in jenem Sommer locken sie mich in ein verlassenes Haus, das in der Mitte baumloser, öder Felder steht. Sie bringen mich hinauf in den dritten Stock, wo sie mich allein lassen. Ich höre sie pfeifen und rufen, und durch die leeren Fenster sehe ich zu, wie sich ihre Körper über die Ebene zurückziehen, die einzigen Lebewesen, die in der Mittagshitze zu sehen sind. Ich weiß, daß sie meinen, ich hätte Angst, so allein im Haus, also beschließe ich, ihnen das Gegenteil zu beweisen. Das Haus wirkt auf mich friedlich und frei von Geistern – eine trockene Hülle, wie eine Kürbisflasche. Ich habe mehr Angst vor einem Hinterhalt, also warte ich eine Weile schweigend ab, nachdem meine Brüder am Rand der Felder verschwunden sind, bevor ich die Treppe hinunterlaufe und mich auf den Nachhauseweg mache. Dabei fühle ich mich genauso ausgeliefert wie der junge Baum, an den sie ihre Zielscheiben hängen.

Als ich sechzehn oder siebzehn war, komme ich eines Abends von einer Verabredung mit meinem Freund spät nach Hause. Als ich die Haustür öffne, steht Hal mit einer Waffe, den Finger am Abzug, im Flur. Er ist aufgestanden, um nachzusehen, wer mit dem Auto angekommen ist. »Du hast Glück gehabt, daß ich nicht geschossen habe«, erklärt er mir mit fröhlicher Miene.

Einmal, ein paar Jahre nach dem Tod meiner Mutter, ging unser Vater mit uns in den Garten hinter dem Haus und ließ uns auf Zielscheiben schießen. Jeder bekam drei Versuche. Er wollte sehen, wie eng beieinander wir die drei Treffer schaffen würden; die ideale Lösung der Aufgabe wäre ein einziges Loch in der Mitte der Zielscheibe gewesen. Auch ein Dreieck aus den drei Einschüssen, wiederum in der Mitte der Zielscheibe, war akzeptabel. Irgendwie gelang mir das trotz meiner Brille. Waffen machen mich nervös, aber irgend etwas an diesem Gewehr, das ich ruhig gegen meine Wange drückte, während ich zielte, beruhigte mich. Vielleicht lag das daran, daß mein Vater, der neben mir stand, tatsächlich einmal Geduld hatte. Meine Hände waren völlig ruhig, als ich abdrückte; ich hatte vollkommene Kontrolle über die Waffe.

Die Schuld gehörte in unserer Familie zum täglichen Leben. Wenn irgend etwas passierte, mußte man einen Schuldigen dafür finden. Einmal, als meine Mutter mich und zwei meiner Brüder von der Schule nach Hause fuhr und vor einer Ampel, kurz nach der Eisenbahnbrücke, langsamer wurde, dachte ich mir etwas aus, um ihre Aufmerksamkeit auf mich zu lenken. Zu unserer Linken befand sich ein viktorianisches Haus; ich saß neben ihr auf dem Beifahrersitz. Ich beugte mich zu ihr hinüber, sah an ihr vorbei, deutete und sagte: »Schau dir nur mal dieses phantastische Haus an!« Sie sah tatsächlich einen Augenblick lang in die Richtung, in die ich gedeutet hatte, und mußte dann unvermittelt bremsen, um nicht auf das Auto vor ihr aufzufahren, das an der Ampel gehalten hatte, von dem wir aber noch gute sechs Meter entfernt waren.

Eine Minute herrschte schreckliches Schweigen. Meine Mutter, die ohnehin eine unsichere Fahrerin war, war ziemlich aus der Fassung. Sobald sie sich erholt hatte, schrie sie mich an. Hal ergriff die Gelegenheit beim Schopf und warf mir vor, daß ich fast einen Unfall verursacht hätte. Er und Eriks spürbare Erleichterung sowie die Schadenfreude über die Tatsache, daß das ganz eindeutig meine Schuld war, wurden nur von dem Wissen überschattet, daß sie auch noch irgendwann einmal an der Reihe sein würden. Eine schwarze Wolke aus Schuld und Niedergeschlagenheit senkte sich über den Wagen.

Das Urteil unseres Vaters war natürlich noch schrecklicher. An Sonntagen lud er uns alle in den Studebaker, um eine Spazierfahrt zu machen. Das sollte uns allen Spaß machen, aber er war ungeduldig. Während er sich über die Unfähigkeit der Schweine, Ärsche und Sonntagsfahrer auf der Straße ereiferte, kauerte ich mich auf dem Rücksitz zusammen und wartete voller Angst darauf, daß mir übel wurde. Schon bald, nachdem ich ins Auto gestiegen war, wurde mir tatsächlich übel und schwindelig, besonders wenn es heiß war im Wagen und nach Benzin, staubigen Polstern, heißem Gummi und Asphalt stank. Ich versuchte dann, so wenig wie möglich zu atmen.

Doch mir wurde trotzdem übel. Wenn ich verkündete, mir sei übel und meinen Vater bat stehenzubleiben, fiel ich sofort in Ungnade. Wenn ich dann ausstieg und am Straßenrand stand, ohne mich übergeben zu können, hatte ich die Familie aus einem nichtigen Grund aufgehalten. Vielleicht war das alles nur ein Trick, eine kindische Methode, um Aufmerksamkeit zu erregen.

Wenn ich jedoch zu lange wartete und mich im Wagen übergeben mußte, hatte ich alles verdorben: den Wagen, den Sonntagnachmittag – und fast hätte ich auch noch meinen Vater aus der Fassung gebracht. Er beugte sich über das Lenkrad seines Wagens, und dabei wurde sein Nacken immer röter. Meine Mutter reichte mir ein Taschentuch nach hinten, während wir nach einer Tankstelle Ausschau hielten.

Die ideale Lösung war es, mich während der Fahrt aus dem offenen Fenster zu übergeben, doch das gelang mir nur einmal und da auch nur durch Zufall. Mein Vater wurde so nicht gestört, es gab keinen Dreck im Wagen, und ich war erleichtert. Als wir nach Hause kamen, nahm mein Vater den Gartenschlauch und reichte ihn mir.

Ich muß vermutlich nicht erwähnen, daß meine Brüder während solcher Fahrten die reinsten Unschuldsengel waren.

Das ständige Beharren auf Disziplin machte uns reizbar; wir standen immer unter Hochspannung, hatten aber gleichzeitig Angst, unsere Gefühle offen zu zeigen. Wir mißtrauten uns selbst und dem anderen, als lauere etwas Schreckliches unterhalb der Oberfläche. Wir unterhielten uns nie direkt, immer mit einer Spur Sarkasmus. Auch Verrat war nichts Unübliches zwischen uns, wie ich schon bald lernte. Im allgemeinen lebten wir in einer Atmosphäre stiller, kaum verhohlener Wut.

Wir Kinder gingen etwas anders mit unserer Wut um. Als Erik noch klein war, geriet er immer ziemlich schnell aus der Fassung, doch als er älter wurde, lernte er, sich besser zu beherrschen. Wie unsere Mutter konnte er es meisterhaft, sich zu distanzieren. Wenn er neben mir saß, spürte ich fast körperlich, wie er sich zurückzog.

»Was willst *du* denn?« fragte er oft, und das war nicht als Frage gedacht, sondern als Befehl: Halt den Mund und verzieh dich.

Arno konnte mir genauso viel Angst einjagen wie mein Vater. Er war ihm sehr ähnlich, wie ein Vulkan kurz vor dem Ausbruch, und er hatte genauso wenig Geduld. Einmal war ein kleiner Neffe zu Besuch bei uns. Arno und ich waren allein mit ihm zu Hause, so daß Arno mich und meinen Neffen beaufsichtigen mußte, der noch auf den Topf ging. Arno rechte Laub zusammen und trug gewaltige Säcke davon hinters Haus, um dort alles zu verbrennen. Jedesmal, wenn er an der Rückseite des Hauses vorbeiging, wo sich gleich neben dem Holzschuppen eine eigene kleine Toilette befand, jammerte der Neffe, daß er pinkeln müsse. Arnos Sack – damals waren Plastiksäcke noch nicht üblich – bestand aus einer Plane, die an den Ecken zusammengebunden war. Man konnte sie nicht auf den Boden legen, ohne dabei Blätter zu verlieren. Er hatte also die Wahl, das zu tun, oder das Jammern meines Neffen zu ignorieren und seine Last zu dem Abfallhaufen zu schleppen, was aber möglicherweise zur Folge hatte, daß dem kleinen Neffen ein Mißgeschick passierte, bevor Arno wieder zurückkam.

Die ständige Entscheidung zwischen diesen Alternativen zehrte an Arnos Nerven. Ich beobachtete, wie sein Zorn im Lauf des Nachmittages immer größer wurde, und wartete mit Spannung darauf, was er wohl mit dem Neffen anstellen würde, wenn er explodierte. Aber er beherrschte sich. Das war sogar noch beängstigender. Als er schließlich stehenblieb, um den Kleinen aus seiner Not zu erlösen, waren seine Bewegungen langsam und übertrieben. Er sprach mit Bedacht, durch zusammengebissene Zähne in einem Tonfall, der an Hysterie grenzte. Mein Neffe hatte schreckliche Angst. Ich schwieg. Ich hatte ein bißchen Angst, daß Arno sich gegen mich wenden könnte, aber ich konnte mich einfach nicht losreißen. Mein Neffe wollte Aufmerksamkeit erregen, und das hatte ich bereits vor langer Zeit gelernt, nicht mehr zu erwarten. Vermutlich war ich gebührend beeindruckt von der Tatsache, daß mein Neffe eine solche Forderung noch wagte, reagierte aber gleichzeitig schadenfroh, daß er das Opfer von Arnos schlechter Laune wurde, obwohl er das bekam, was er wollte.

Mein Vater stellte gerne Menschen auf die Probe. Eines Sommers, als ich noch ziemlich klein war und wir in Fort Wayne wohnten, fuhr ich mit meinen Eltern zu meinen beiden Brüdern ins Sommerlager. Ich war in einem Alter, wo sich niemand sonderlich um einen kümmert, so daß man einfach nur herumstehen und alles beobachten kann. Ich beobachtete zum Beispiel meinen Vater, während er in das Zelt schlüpfte, in dem einer meiner Brüder schlief. Es war ein altes Armeezelt: schweres, grobes Segeltuch mit hohen, geraden Seiten und einem spitzen Oberteil. Die Klappen waren auf beiden Seiten offen, so daß man den Holzboden mit den Feldbetten und den kleinen Schließfächern sah, die zu beiden Seiten aufgebaut waren. Mein Vater trat an das Bett meines Bruders heran, schob die Hand in die Tasche seiner Hose und holte einen Vierteldollar heraus. Er balancierte ihn zwischen rechtem Daumen und rechtem Zeigefinger wie eine Murmel. Dann schnalzte er mit dem rechten Daumen, so daß die Münze zu dem Zelthimmel aus Segeltuch hochflog, sich in der Luft drehte und schließlich auf dem Bett landete. Sie kam nicht etwa mit der Kante auf, sondern mit der flachen Seite, und blieb auf der braunen Decke liegen, ohne noch einmal hochzuhüpfen.

Mein Vater nahm grunzend den Vierteldollar in die Hand. »Bei einer Militärinspektion würdest du nie durchkommen«, sagte er zu meinem beschämten Bruder.

Die Prüfungen, die er sich für mich und meine Mutter ausdachte, waren anders, weniger eindeutig. Frauen mußten nicht wissen, wie man ein Bett gut genug macht, um den Ansprüchen eines inspizierenden Offiziers zu genügen, so daß dieser einen Vierteldollar darauf schnippen konnte, der dann wieder hochsprang. Wie Frauen Betten machten, das war nach den Maßstäben des Haushaltes zu bewerten; in der Männerwelt zählte das nicht. Die Prüfung meines Vaters für mich und meine Mutter bestand darin, daß wir keine

Forderungen an ihn stellten. Aber natürlich hatte meine Mutter vier Kinder und mußte sich um ein Haus kümmern; sie mußte einfach Ansprüche stellen. Vor dem Krieg hatte sie sich in ihr Schicksal gefügt und war umgezogen, wann immer es nötig wurde, hatte sich mit den gemieteten Häusern auf Zeit abgefunden und nie allzuviel von sich selbst in die jeweilige Bleibe investiert. Falls es politische Streitereien gegeben haben sollte, wurden sie nicht offen angesprochen; schließlich war es die Zeit Roosevelts und des New Deal, und die öffentliche Meinung war den Sozialisten wohlgesonnen. Regierungsstellen wie die WPA propagierten eine angenehme Verbindung von Ästhetik und Politik. Paul Robeson, der kommunistenfreundlich eingestellt und schon einmal in Rußland gewesen war, nahm *Ballad for Americans* im Jahre 1939 auf; irgendwann während des Krieges, in dem Rußland unser Verbündeter war, erwarb meine Mutter vermutlich die Platte.

Auch wenn meine Mutter ausgesprochen fähig war, gelang es meinem Vater doch immer, sie deutlich in ihre Schranken zu weisen. Aber während des Krieges traf sie zwei oder drei Jahre lang ihre eigenen Entscheidungen, ohne daß mein Vater ihr ständig Vorschriften machen konnte. Ich glaube, daß sie dadurch etwas mehr Selbstvertrauen gewonnen hatte, auch wenn sie grundsätzlich noch immer nervös war.

St. Davids, nach sechzehn Jahren der Wohnungswechsel wegen der Eisenbahn, bedeutete schließlich eine völlig neue Erfahrung für sie, ein neues Leben. Nun war sie bereit, etwas von sich selbst zu geben: Sie stürzte sich in häusliche Projekte, schloß sich Ausschüssen an und kümmerte sich um meine Ausbildung. Endlich hatte sie ihr ureigenstes Gebiet gefunden; wahrscheinlich glaubte sie, auch so gelassen wie ihre Mutter werden zu können.

Meinem Vater fiel das alles nicht auf. Er erkannte jedenfalls keinen Bereich als den alleinigen meiner Mutter an; seiner Ansicht nach bewegte sie sich – geduldet – auf seinem Gebiet. Letztlich gehörte sie ihm, und ihre Pflicht war es, es ihm recht zu machen. Ihre alte Fügsamkeit war für ihn etwas ganz Selbstverständliches.

Irgendwann fingen sie dann zu streiten an. Ich konnte mich nicht erinnern, daß sie das früher schon einmal getan hätten, denn den größten Teil meines erinnerten Lebens war mein Vater nicht zu Hause gewesen. Während unserer Zeit in St. Davids wurde mir jedoch klar, daß sich die Spannung zwischen den beiden immer weiter aufbauen würde, bis sie völlig damit beschäftigt wären und uns noch weniger beachten würden als bisher. Ganz allmählich, so schien es mir, wurde ihre Feindseligkeit gleichbedeutend mit ihrer Beziehung.

Draußen in der Welt wuchs die »rote Gefahr«; Amerikaner wurden bespitzelt und angeklagt, Bücher wurden verboten, und sogar Truman – ein Demokrat! – schickte Militärhilfe, um Griechenland gegen die Kommunisten zu schützen. Mein Vater, ein guter Republikaner, distanzierte sich von seinen Exkollegen aus der russischen Armee und wurde zum fanatischen Antikommunisten. Meine Mutter interessierte sich für Henry Wallace, den Gründer der Progressive Party, ein Verfechter der in der Charta der Vereinten Nationen festgelegten Prinzipien. Mein Vater sagte, Wallace sei Kommunist – oder jedenfalls ein Mitläufer, eine Marionette der Kommunisten.

Auch bei uns zu Hause wütete der Kalte Krieg. Die Tatsache, daß Paul Robeson vor dem Krieg in Rußland gewesen war, war jetzt etwas Verwerfliches; erschwerend kam hinzu, daß er Henry Wallace unterstützte. Für meinen Vater konnte das nur zu einem Schluß führen: Robeson war Kommunist. Das wußte jeder. Irgendwann nach der Gründung der Progressive Party im Jahre 1947, vielleicht auch nach den berühmt-berüchtigten Peekskill-Konzerten im Sommer 1949, als patriotische Bürger sich zusammentaten, um die Kommunisten zu steinigen – was erwarteten die Kommunisten denn, fragte mein Vater, wenn sie Paul Robeson einluden, Propagandalieder zu singen? –, verschwand die Robeson-Platte aus unserem Haus.

Natürlich konnte es nicht ausbleiben, daß mein Vater irgendwann auch meine Mutter als Mitläuferin und Marionette der Kommunisten bezeichnete. Das war alles nur der Anfang, schließlich konnte man genauso wenig ein bißchen Kommunist sein wie ein bißchen schwanger.

Vielleicht machte mein Vater sich Sorgen wegen seiner Arbeitsstelle: Die Pennsylvania Railroad war durch und durch republikanisch, durch und durch WASP*. Möglicherweise hatte er Angst, er könne wegen seiner engen Zusammenarbeit mit den Kommunisten während des Krieges belangt werden, aber trotzdem gab er den Orden, den sie ihm verliehen hatten, nie weg. Er ließ auch nicht Nicholas Berdjaefs *Origins of Russian Communism* verschwinden, das meiner Mutter gehörte, obwohl das Buch mit Sicherheit belastend gewesen wäre, wenn FBI-Agenten bei uns zu Hause aufgetaucht wären. Aber er redete wie mit Engelszungen auf meine Mutter ein, sie solle doch ihre politische Einstellung aufgeben und aus der League of Women Voters austreten, deren politische Neutralität seiner Meinung nach nur eine Fassade für eine kommunistische Organisation war.

Niemand nahm ihre Auseinandersetzungen zur Kenntnis: Sie gingen nach dem Essen weiter, sobald wir Kinder das Eßzimmer verlassen hatten. Das waren bittere Dispute, die quer über den Tisch vom Stuhl meines Vaters am Kopfende zu dem meiner Mutter zu seiner Linken geführt wurden, während sie schwarzen Kaffee und Likör tranken und meine Mutter eine Camel nach der anderen rauchte, was gelbe Flecken am Zeige- und Mittelfinger ihrer rechten Hand hinterließ. Sie stritten in der Küche weiter, direkt unter meinem Zimmer, während sie das Geschirr spülte und abtrocknete und er hin und her lief und dabei wütend an seiner Pfeife sog.

Mein Vater wollte etwas über die Französin wissen, die mir Sprachunterricht erteilte. Meine Mutter lud sie zum Abendessen ein. Die Französin und mein Vater redeten über Politik und tauschten Erinnerungen über den Krieg aus. Sie hatte die Belagerung erlebt und während dieser Zeit eine gesunde Abneigung gegen den

* WASP = White Anglo-Saxon Protestant (weißer angelsächsischer Protestant), Anm. d. Ü.

Faschismus entwickelt. Der Sozialismus bot die einzige Chance auf eine friedliche Zukunft, glaubte sie; meinte er nicht auch? Er versuchte, charmant und gleichzeitig unverbindlich zu sein.

Während des Desserts bot die Französin uns an, uns die Zukunft aus dem Kaffeesatz oder aus Teeblättern zu lesen. Arno, den das offenbar faszinierte, war sofort dafür; die Französin rührte in dem Kaffeesatz herum, sagte ihm eine phantastische Zukunft voraus und sah ihn mit verführerischem Augenaufschlag an. Er wurde rot.

Das Ergebnis war natürlich, daß mein Vater die Französin nicht leiden konnte, weil sie der falschen politischen Auffassung war, und meine Mutter mußte mir dann sagen, ich dürfe nicht mehr Französisch lernen.

Ich verstand nicht, was die Politik damit zu tun hatte, daß ich lernte, *la plume de ma tante* zu schreiben; ich war wütend, weil man mir einfach meine Stunden weggenommen hatte. Aber ich hatte noch mehr Angst vor dem Zorn meines Vaters – und vor dem möglichen Zorn meiner Mutter, weil sie meinetwegen Probleme mit meinem Vater bekam. All das führte gleichzeitig jedoch auch zu einem Gefühl der Erleichterung darüber, daß die Ursache der Provokation nicht mehr bei uns lag. Trotzdem vermißte ich die Französischlehrerin – ich vermißte ihre Exotik, das Gefühl, eine erwachsene Frau um mich zu haben, die ein eigenständiges Leben führte. Und natürlich vermißte ich das Gefühl, tatsächlich zu existieren, das mir die Französischstunden vermittelt hatten.

Mir war damals nicht klar, daß mein Vater mich benutzte, um meiner Mutter eines auszuwischen. Vielleicht ahnte ich es irgendwie, aber ausdrücken hätte ich es nicht können. Meine Mutter muß es jedoch sehr wohl begriffen haben. Fast hatte ich den Eindruck, als habe er das Gefühl, daß ihre bloße Existenz ihn einschränkte, so daß jede Macht, die sie besaß, und sei es auch nur die Macht, etwas für mich zu tun, eine Bedrohung darstellte.

Die Zeit des Kalten Krieges war zutiefst frauenfeindlich. Im Radio brachte George Gracie zum Schweigen, während in Thurbers Cartoons, die mein Vater sehr liebte, kleine Männer von riesigen, bedrohlichen Frauen überwältigt wurden und in Romanen von Männern (das waren übrigens die einzigen, die überhaupt ernst genommen wurden) die Frauen frigide Hexen waren, die sich weigerten, ihre armen Männer mit dem Mund zu befriedigen. Widersprüchlicher hätte dieses Denken nicht sein können: Frauen waren albern und unfähig, aber sie konnten Männer genauso leicht entmannen, wie die gottlosen Kommunisten die christlich-republikanischen Amerikaner beeinflussen konnten.

Die Frauenfeindlichkeit meines Vaters war ähnlich allumfassend. Ich glaube, daß er meine Mutter schließlich fast wie den gottlosen Kommunismus betrachtete, gegen den er seine christlich-republikanische Männlichkeit mit allen Mitteln verteidigte, die ihm zur Verfügung standen.

Meine Mutter konnte seinen Angriffen nicht standhalten. Er fällte ein Urteil über sie, und sie fällte ein Urteil über sich selbst. Sie rauchte mehr und sagte weniger und zog sich immer weiter in ihren üblichen Fluchtraum, den Perfektionismus, zurück. Noch vor ein paar Jahren hatte sie ihren eisernen Willen nach Perfektion gegen mich und meinen Körper gerichtet, aber inzwischen war ich zu alt dafür. Unter den gegebenen Umständen war es sinnlos, sich in kurze Momente der Schönheit, in die absolute Perfektion, zu flüchten. Um das alltägliche Leben mitten unter Männern zu meistern, um die Wut und die Angst in ihr selbst zu bannen, sehnte sie sich danach, perfekt zu leben, so wie ich mich danach sehnte, ein anderer Mensch zu sein.

Vielleicht war das der Grund, warum sie nie ganz in ihrer Kunst aufgegangen war. Die Formen, die sie schuf, waren wackelige Brücken über das Chaos; sie schaffte es nicht, sich einzureden, daß sie halten würden. Sie verließ sich auf die Regeln ihres Vorstadtlebens, die die Perfektion so verlockend nahe rückten – oder besser: die es leicht machten, sich eine Anhäufung von kleinen, erreichbaren Perfektionen vorzustellen. Das wäre die Pfanne mit süßen Brötchen, das perfekte Eßzimmer, die perfekte Party, das perfekte Treffen, die sich zu einem perfekten Leben aufaddieren lassen.

Als perfekte Ehefrau verwendete sie ihre ganze Energie, die sie sonst als Künstlerin im Dienste ihrer Arbeit gebraucht hätte, auf sich selbst und ihren Haushalt. Sie kaufte die richtigen Kleider für die Frau eines Managers, und sie kleidete sich passend für jeden Anlaß. Sie lud die Kollegen und den Chef meines Vaters zu uns nach Hause ein. Sie machte ihm seine Lieblingskuchen, -waffeln, -braten und -marmeladen. Sie sorgte dafür, daß seine Boxershorts genauso gebügelt waren, wie er es wollte. Sie führte einen makellosen Haushalt. Doch sobald ihr erster Energieschub abgeebbt war, sobald die Streitereien begannen, hatte sie keinen Spaß mehr daran; sie empfand nur noch eine schreckliche Sehnsucht. Meist war sie nun übler Laune, denn ihre Angst überwältigte sie, gegen die sie mit Perfektionismus ankämpfte, genau wie andere Menschen Alkohol und Kokain benutzen; dieser Perfektionismus war eine Droge, und sie war abhängig.

Für meinen Vater war Geld wohl eine der schlimmsten Möglichkeiten des Verrats. Meine Eltern hatten sich von Anfang an über Geld gestritten; meine Tante erzählte mir von lautstarken Auseinandersetzungen und zugeschlagenen Türen gleich zu Anfang der Ehe. Offenbar ging es dabei um Versicherungsfragen. Mein Vater gab eine ganze Menge Geld für Versicherungen aus, während er gleichzeitig ständig die Haushaltsausgaben meiner Mutter kritisierte. Er gab ihr das Geld, also wollte er natürlich auch Einfluß darauf haben, wofür sie es ausgab.

Allmählich wurden wir Kinder erwachsen – im Herbst 1949 ging Arno aufs College. Wir hatten alle größere Bedürfnisse – Kleidung, Essen (die Söhne, die nach dem Footballtraining nach Hause kamen, tranken jeder einen Viertelliter Milch und aßen dazu ein Sandwich mit Fleischresten vor dem eigentlichen Abendessen), Benzin für den Studebaker. Auch Extras wie meine Französischstunden kosteten Geld, was wahrscheinlich ein weiterer Grund war, warum mein Vater sie verbot. Gleichzeitig steckte er aber Geld ins Haus und mußte noch weitere drei Kinder aufs College schicken.

Behandelte er meine Mutter genauso wie uns Kinder? Zählte er ihre Fehler auf, wie er die unseren aufzählte, bevor er uns am Sonntagabend nach dem Essen unser Taschengeld gab, oder wie er es ebenfalls tat, wenn er jedes Jahr einmal all unsere Sünden Revue passieren ließ, um festzustellen, ob wir eine Taschengelderhöhung verdienten? Dabei hatten wir uns immer mit schrecklicher Kritik in der Öffentlichkeit auseinanderzusetzen. Mein Vater betrachtete diese Gelegenheiten als offene, demokratische Familienzusammenkünfte, doch mir zumindest erschienen sie in hohem Maße willkürlich; er legte die Regeln fest, und da gab es kein Entkommen. Ich saß da, wartete mit gesenktem Kopf, während er sich mit dem Durcheinander meiner Brüder beschäftigte, und versuchte, anhand der Beträge, die er ihnen zugestand, herauszubekommen, wieviel ich wohl zu erwarten hätte. Gleichzeitig hoffte ich, er würde sich nicht allzuviel Zeit nehmen, all meine Untaten aufzuzählen, und schraubte doch meine Hoffnungen nicht zu hoch, um nicht zu sehr enttäuscht zu werden. Er entzog einem zwar das Taschengeld nicht, wenn man seinen Erwartungen nicht entsprochen hatte, aber er machte ziemlich deutlich, daß er genau das tun würde, wenn man eine unsichtbare Linie überschritte und sich *zu* unartig verhielte. Es war ein ungeschriebenes Gesetz, daß wir alles, was er sagte, akzeptieren würden.

Alle Dinge, die wir uns von unserem Taschengeld nicht leisten konnten, waren ein Problem. Mein Vater kaufte uns nicht gerne etwas, und mit ihm zu verhandeln, war nicht leicht. Hal, der bereits als kleiner Junge Zeitungen ausgetragen hatte, kaufte sich seine Waffen und Fahrräder lieber von dem Geld, das er sich selbst verdiente.

Mit sieben Jahren wünschte ich mir nichts sehnlicher als ein Fahrrad. Meine Freundin Barbara, die Pastorentochter, hatte gerade von ihrem Vater ein nagelneues Rad bekommen, bereits in Erwachsenengröße, kastanienbraun mit Chrom. Meine Mutter, die ohnehin dachte, ich sei zuviel unterwegs, gefiel der Gedanke, mir das Mittel noch größerer Mobilität zu schenken, nicht sonderlich, aber mein Vater verkündete schließlich, daß ich ein Fahrrad haben könnte, wenn ich einen Teil davon von meinem Taschengeld bezahlte. Er würde einen geringen Betrag davon einbehalten, so viele Wochen und Monate, wie nötig wären. Ich glaube, ich bekam damals einen Vierteldollar pro Woche, das hieß also, daß das Fahrrad sehr billig sein mußte, vermutlich sogar gebraucht. Zufällig wußte mein Vater von einem solchen Fahrrad, das unten an der Tankstelle bei der Radnor Station zum Verkauf stand. Es sollte sieben Dollar kosten. Es war ein Jungenrad, und der alte Rahmen war schon ganz schartig und rostig. Mein Vater überredete die bisherigen Eigentümer, es zu streichen, so daß die Lenkstange zu dem Zeitpunkt, als ich das Rad dann schließlich bekam, hellblau war.

Ich fuhr mit diesem Fahrrad in der ganzen Nachbarschaft herum, neben Barbara auf ihrem glänzenden neuen Rad. Ich fuhr schneller als sie, um ihr zu beweisen, daß mein Rad, auch wenn es kleiner und gebraucht war, genauso viel taugte, vielleicht sogar mehr. Ich versuchte, meinen eigenen Gefühlen davonzufahren.

Hatte mein Vater seinen Glauben von seiner Mutter, daß Geld gleichbedeutend mit Liebe war und umgekehrt und daß man, sobald man etwas davon abgab, nie wieder damit rechnen konnte, was bedeutete, daß man alles so teuer wie möglich verkaufte? Wenn er mir sagte, daß ich weder viel Geld noch viel Liebe wert sei, muß er meiner Mutter wohl das gleiche gesagt haben, und zwar immer wieder. Ich erinnere mich noch, wie er einen Augenblick schwieg und sich in seinem Stuhl zurücklehnte, als denke er darüber nach, was er uns als nächstes wegnehmen könne. Dann beugte er sich wieder nach vorn und sah einen mit seinem stählernen Gangsterblick an.

Ich bezweifle, daß meine Mutter jemals um die neuen Sachen bat, die die Geschäfte zu überfluten begannen – eine Geschirrspülmaschine, einen Zweitwagen, einen Fernseher –, auch wenn sie sie sich vielleicht gewünscht und mit Sicherheit auch gut hätte brauchen können, wie zum Beispiel eine Tiefkühltruhe oder einen Wäschetrockner. Aber mir wollte sie all das mitgeben, was eine Tochter aus gutem Hause haben mußte.

Sie kaufte das alte Klavier, als ich acht Jahre gewesen war, in dem Frühjahr vor ihrem Selbstmord, und sagte meinem Vater, ich wolle Stunden nehmen. Er schaute beim Abendessen zu ihr hinüber und dann zu mir, die ich mit angehaltenem Atem neben ihr stand – ich wünschte mir nichts sehnlicher als diese Klavierstunden. Er kniff die Augen zusammen und sprach sein Urteil: Das Klavier war Geldverschwendung. (Sie hatte ihn beim Kauf nicht gefragt, denn sie hatte von vornherein gewußt, daß er dagegen sein würde, und das hatte ihn rasend vor Zorn gemacht.)

Klavierstunden waren eine Zeitverschwendung; er wollte sich nicht stören lassen durch ewige Tonleitern und falsches Spielen. Er bezweifelte, daß ich lange genug durchhalten würde, um halbwegs passabel zu spielen; er schätzte meine Fähigkeit zu harter Arbeit nicht allzuhoch ein. Außerdem hatte ich, anders als mein ältester Bruder, der eine ausgezeichnete Stimme hatte, noch nie das geringste musikalische Talent bewiesen.

Vermutlich war die Tatsache, daß mein Vater keinerlei Musikgehör hatte – das wurde mir übrigens erst sehr viel später klar –, gleichbedeutend damit, daß er überhaupt kein Gefühl für die Musik hatte. Doch sein Blick und seine Worte zwangen mich, darüber nachzudenken, ob ich das Klavier und die Stunden tatsächlich *verdiente* oder nicht. Diese Frage wurde plötzlich ungeheuer wichtig: Wie gut muß man sein, bevor man fähig ist, etwas zu lernen? Oder auch nur etwas zu haben? Oder jemand zu sein?

Dieses Rätsel läßt sich nicht lösen. Der einzige Ausweg, den meine Mutter sah, war, den Gordischen Knoten einfach durchzuhauen.

11. Kapitel

Hiroshima, Mon Amour

Während der Auseinandersetzungen ging das ganz normale Familienleben weiter, so, als sei alles in Ordnung. Die Sommer mochte ich am liebsten, weil meine Brüder und ich die Tage dann immer am Martin's Dam, einem Schwimmklub an einem kleinen See, verbrachten. Im ersten Sommer fing ich im Kinderbecken an, das eingezäunt und seicht zwischen dem Sprungbrett und einem kleinen Holzsteg lag. Hal brachte mir bei, die Füße vom Boden zu lösen und zu strampeln, also darauf zu vertrauen, daß das Wasser mich tragen würde. Voller Angst balancierte ich eine ganze Woche lang auf einem Bein und lernte dann plötzlich und wie durch ein Wunder, wie Schwimmen funktionierte. Am Ende des Sommers hatte ich dann schon ein Wettschwimmen gewonnen und wagte mich in den großen See, wo ich in den folgenden Sommern tauchte oder Floß fuhr oder mich zusammen mit den anderen auf den Landestegen sonnte, bis ein paar größere Jungen kamen und uns ins Wasser stießen.

Am späten Nachmittag holte meine Mutter uns oft mit dem Wagen ab. Manchmal überredete sie meinen Vater, zum Baden oder zu einem Picknick mitzukommen. Meine Mutter schwamm immer mit langen, bedächtigen Zügen eine Runde um den ganzen See. Mein Vater schwamm hinaus zu einem Floß, zog sich daran hoch und setzte sich schwer atmend darauf. Wenn meine Mutter ihre Runde fast beendet hatte, tauchte er wieder ins Wasser und schwamm mit ihr zurück.

Nach dem Abendessen schwang ich mich an einem dicken Seil mit Knoten, das von einem Ast herunterhing, weit aufs Wasser hinaus. Das brachte mich der Ewigkeit so nahe wie niemals sonst, einfach hinauszuschwingen in das Geheimnis des Abends und mich in das warme, dunkle Wasser hinabgleiten zu lassen. Wenn ich wieder auftauchte, war ich ein Teil jener schattenhaften, schweigsamen Welt der Seen und Bäume unter einem hohen, fahlen Himmel. Am Ufer, fast schon ganz von der Dunkelheit eingehüllt, saß meine Mutter mit meinem Vater am Picknicktisch, vertieft in eine ihrer endlosen Diskussionen. Leuchtkäfer tanzten um die Glut ihrer Zigarette.

Mein Vater wurde nach New York versetzt, um die nördliche Abteilung der Bahn von der Penn Station zu übernehmen, den größten und betriebsamsten Teil des Systems. Er konnte sich nicht damit abfinden, Tag für Tag vier Stunden zur Arbeit zu fahren, also blieb er während der Woche in New York und kam nur am Wochenende heim. Er wollte mit uns nach New Jersey ziehen, damit er jeden Abend nach Hause kommen konnte.

Meine Mutter dagegen wollte in St. Davids bleiben. Sie erklärte meinem Vater, sie würde dieses Haus nie verlassen.

Mein Vater verstand nicht, wie ein Haus einem Menschen so viel bedeuten konnte. Penn Station war die letzte Stufe auf der Leiter zum großen Erfolg. Sie war die letzte Prüfung vor seiner Ernennung zum Vizepräsidenten. Und außerdem hatten sie doch ohnehin während ihrer Ehe ein Nomadenleben geführt; was machte da ein weiterer Umzug noch aus?

Aber natürlich war dieses Haus für meine Mutter kein beliebiges Haus. Es war so etwas wie eine Identität für sie, sozusagen die Krönung ihres Lebens, die Gestalt, die nach ihrem Willen ihre Kunst annehmen sollte.

Falls mein Vater eine Ahnung von alledem hatte, ließ er sich trotzdem nicht von seinen Entscheidungen abbringen. Er fand ein großes Jugendstilhaus in Cranford, New Jersey, am Ufer des Rahway River, und kaufte es.

Soweit ich weiß, war dies das erste Mal, daß meine Mutter meinem Vater widersprach. Ich glaube, sie hatte in ihm immer den Vater gesehen, der einem etwas schmackhaft macht und es dann verweigert und den sie sich wohlgesonnen machen wollte. Ich glaube, sie hat nie aufgehört, ihn so zu sehen, nicht einmal dann, als sie ihm widersprach. (Das kann ich verstehen. Noch lange nachdem ich erwachsen geworden und er gestorben war, stellte ich mir vor, daß ich es ihm recht machen könnte und auch würde; wenn ich diesen Glauben aufgegeben hätte, hätte ich zugeben müssen, daß ich ein hoffnungsloser Fall war, ein Versager, auf ewig unfähig, den mächtigsten und verführerischsten Mann meines Lebens zufriedenzustellen. Nach dem Selbstmord meiner Mutter nahm diese Sehnsucht, ihm zu gefallen, fast schon den Charakter von Verzweiflung an: Wie würde die Strafe aussehen, wenn ich versagte?) Je mehr er sich deshalb gegen sie wandte, desto mehr wandte auch sie sich gegen sich selbst, weil sie einfach nicht perfekt genug war, ihn an sich zu binden.

Angesichts des Widerstandes meiner Mutter bekam mein Vater wohl Angst, wieder in das machtlose Jungenalter zurückzufallen – meine Mutter übernahm hier wohl die Rolle seiner Mutter, die die Macht besessen hatte, ihn aus ihrem Haus zu verbannen und ihn zu zwingen, daß er allein in einer fremden Stadt lebte und arbeitete. Diesmal mußte er stärker sein.

Meine Mutter war verzweifelt und distanziert, mein Vater anspruchsvoll und distanziert. In beiden brodelte es, aber keiner von beiden zeigte seine Gefühle. Darin waren sie einander sehr ähnlich; beide konnten nichts hergeben.

In unserer Familie achtete niemand das Dasein oder das Leben des anderen: Eine Frau war Teil ihres Mannes, ein Kind war Teil seiner Mutter. Jede kleine Geste der Unabhängigkeit war subversiv; ein eigener Wille kam einer Revolte gleich. Wir träumten den Traum der absoluten Kontrolle, und auch unsere Liebe war die Liebe eines Fotografen, die Manipulation einer Person, die nur in der Phantasie existierte und kein eigenes Leben hatte. Damals in Fort Wayne war das der Traum meiner Mutter von mir gewesen; vielleicht blieb es auch weiterhin der Traum von ihrer eigenen Person. Mit Sicherheit jedoch blieb dies der Traum meines Vaters von meiner Mutter und mir, seine Vorstellung von Frauen ganz allgemein. In Fort Wayne hatte er sich mit meiner Mutter gegen mich verschworen, hatte ihr geholfen, meinen Körper zu sabotieren – er hatte mir den Finger in den After gesteckt, um zu sehen, ob ich willentlich zurückhielt, was ich nach ihrem Willen hergeben sollte, und dann auch noch mitgeholfen, mich festzuhalten, wenn kurz darauf unweigerlich die Klistierspritze folgte. Gegen sie ging er genauso rücksichtslos vor, wie er es im Verbund mit ihr gegen mich gewesen war.

Männer, die auf diese Art lieben, sagen ihren Frauen, daß sie nichts wert sind; wenn sie nicht nur zur psychologischen, sondern auch zur physischen Gewalttätigkeit neigen, verprügeln sie sie. Aber trotzdem kommen sie nicht ohne Frau aus. Eher zerstören sie eine Ehefrau, als daß sie sie freigeben.

Die Spannung in unserer Familie war fast unerträglich geworden: Mein Vater und meine Mutter waren in einen tödlichen Kampf verwickelt, und ich selbst fühlte mich von ihrem geschlossenen Energiekreis unwiderstehlich angezogen. Durch diese völlige Konzentration auf ihren gegenseitigen Haß waren sie für mich sogar noch faszinierender als meine Mutter allein damals in Fort Wayne, als sie an ihrem Schreibtisch saß oder mit dem Rücken zu mir in der Küche stand. Damals konnte ich den Blick nicht von ihr wenden; jetzt konnte ich ihn nicht von den beiden wenden. Ich wollte an Ort und Stelle sein, wenn sie tatsächlich einmal zu streiten aufhörten, und ich wollte auch da sein, falls er einfach den Arm über den Tisch ausstreckte und sie an der Kehle packte. Zwar erlebte ich das nie, aber ich hörte an seiner Stimme, daß er es gerne täte.

Ich wollte ihr helfen, aber ich konnte nichts tun. Sie wirkte so allein. Mein Vater hatte sozusagen die Männerwelt und noch einen guten Teil der Frauenwelt zur Unterstützung im Rücken. Er hatte seine tägliche Arbeit, wo eine Sekretärin und andere Untergebene ihm zu Diensten waren. Sein Platz nahe der Spitze seiner Firma war ihm sicher, und möglicherweise hatte er sogar Aussichten, noch ein Stück höher aufzusteigen.

Wo wandte sich meine Mutter hin, wenn sie Ruhe und Unterstützung suchte? An die League of Women Voters? Ich glaube kaum, daß sie dort jemals ein privates Problem zur Sprache gebracht hatte. An ihre Freundinnen? Sie suchte Kontakt zur Mutter ihrer zukünftigen Schwiegertochter, die aber nicht reagierte. Vermutlich war das bei allen ihren anderen Freundinnen auch so. Wer konnte sie schon unterstützen oder verstehen? Jede Frau war schließlich in ihrer eigenen Ehe isoliert und fühlte sich allein verantwortlich für deren Gelingen. Wenn sie Probleme hatten – und wer hatte die nicht? – konnten sie es sich nicht leisten, das zuzugeben.

Ich weiß nicht, ob meine Mutter jemals mit ihrer eigenen Mutter darüber sprach; hätte sich die findige Emma wohl eine solche Verzweiflung vorstellen können? Ich vermute, daß sie meiner Mutter gesagt hätte, sie müsse tun, was sie nicht lassen könne, aber ich glaube nicht, daß meine Mutter ihr gegenüber ihr Versagen hätte zugeben können – denn das hätte schließlich bedeutet, zuzugeben, daß die Ehe, von der der Besitz des langersehnten Hauses abhing, in die Brüche ging.

Der einzige Rückzug, der ihr freistand, war der in den Garten, in die Küche, in die Hausarbeit – all das hatte sie als Mädchen von ihrer Mutter gelernt, konnte es nach wie vor mit ihr teilen. Gartenarbeit und Kochen waren offenbar ihre Verbindungen zu dem magischen Stoff, aus dem Frauen gemacht sein sollen.

Gleichgültig, wie sehr sie sich auch bemühte, sie konnte sich nicht in die Art von Gelassenheit zurückziehen, die ihre Mutter noch gekannt hatte. Wenn meine Mutter Emma nacheiferte, versank sie in Depressionen, genau wie damals in Fort Wayne, wo sie in dem kleinen Garten in der Nachmittagssonne saß. Und das tat sie auch jetzt, und zwar immer öfter. Es war ganz so, als spüre sie im tiefsten Innern nur noch Leere, einen dunklen Knoten, und wenn sie still dasaß, konnte sie sich darin verlieren. Wenn sie Dinge erledigte, wurde sie lebendig, war wieder perfekt; sobald sie zur Ruhe kam, war sie wie der Habicht, der im Atelier meines Vaters angekettet gewesen war, sie flatterte mit den Flügeln und konnte sich doch nicht in die Lüfte erheben.

Und sie hatte sich einen Mann ausgesucht, der sie verschlang, alles von ihr verlangte, ihr aber nichts zurückgab. Sie hatte einen Mann gefunden, der den Frauen grollte, und das in einer Welt, die Männer dazu ermutigte, den Frauen die Schuld für ihre eigenen Probleme zu geben, ihnen vorzuwerfen, daß sie nicht alle Wunden heilten, daß sie nicht die allmächtigen Göttinnen waren, vor denen sie sich letztlich fürchteten.

Ich wollte meiner Mutter ein Geburtstagsgeschenk kaufen, das ihr gefallen würde. Ich wußte, daß sie Silber liebte. Sie besaß dieses alte norwegische Silberbesteck mit den riesigen, handgetriebenen Gabeln, auf denen Vornamen und Jahreszahlen eingraviert waren, zum Beispiel AGNES 1845. Man hatte den Eindruck, daß für jedes neue Kind der Familie eine Gabel angefertigt und an die nächste Generation weitervererbt wurde.

Gegenstände, die man gegen Bons von den Haferflockenpakkungen bestellen konnte, übten eine große Faszination auf mich aus, denn meine ersten Erinnerungen an meine Brüder haben mit magischen Ringen zu tun, die sie mit diesen Bons bestellten. Einmal wurden für diese Bons vier versilberte Teelöffel angeboten, und zwar für einen Betrag, den ich mir mit meinem Taschengeld bereits zusammengespart hatte. Die Depressionen meiner Mutter waren zu diesem Zeitpunkt bereits stärker geworden: Sie saß die meiste Zeit an ihrem Platz am Tisch und sprach kaum noch. Ich wollte ihre Erlaubnis einholen, bevor ich den Bon ausschnitt, um die Löffel für sie als Geschenk zu bestellen. Ich zeigte ihr das Foto von den Löffeln und fragte sie, ob sie ihr gefielen. Sie sagte ja, also schickte ich den Bon weg. Als ich sie ihr gab, hatte ich den Eindruck, daß sie sich bemühte zu reagieren, aber ich merkte, daß sie mit den Gedanken schon längst an einem völlig anderen Ort weilte.

Wir hatten eine weiße Segeltuchhängematte aus Restbeständen

der Armee, die zwischen zwei Tannen gespannt war und die ich für mich zu einem Pferd, zu einem Haus, einem Boot und allen möglichen anderen Dingen umfunktioniert hatte, die mir so in den Sinn kamen. Ich erinnere mich noch an einen außergewöhnlich heißen Sommertag, kurz bevor meine Mutter Selbstmord beging. Ich versuchte, sie dazu zu bringen, daß sie in der Hängematte mit mir und einer Puppe spielte. Ich erinnere mich auch noch daran, daß sie tatsächlich zu mir herüberkam und sich auf den Rand der Hängematte setzte. Ich hielt die Puppe, und meine Mutter starrte in die Ferne. Es machte mir Angst, ihren Körper so nahe bei mir auf der Hängematte zu spüren, sie sanft und vernünftig zu erleben, zu erleben, daß sie mich nicht anschrie, weil ich Forderungen an sie stellte. Es war erstaunlich, daß sie sich zu mir setzte, als ich sie darum bat, und gleichzeitig wußte ich doch, daß sie eigentlich nicht richtig bei mir war.

Die letzten Wochen ihres Lebens war sie meist sanft und vernünftig; fast hatte man den Eindruck, daß sie meinem Vater den Gefallen tat, fügsam zu wirken, während sie nach eigenen Ausdrucksformen der Gewalttätigkeit suchte, nach Worten vielleicht, die meinem Vater eine Botschaft vermitteln würden, die er nicht ignorieren konnte.

Weil sie in der Realität nicht mit ihm sprechen konnte (schließlich hörte er ihr nicht zu), weil sie weder in seiner Gegenwart existieren noch sich von ihm scheiden lassen konnte, weil sie zu dem Schluß gekommen war, daß es in der wirklichen Welt keinen Platz für sie gab, entschied sie sich für einen symbolischen Akt, der die gewalttätigste Realität überhaupt darstellte: für den Tod.

Zwanzig Jahre früher, als sie noch glaubte, mein Vater teile ihr Interesse an der Kunst und sei sensibel und aufgeschlossen für ihre Bedürfnisse, hatte sie seine Sinnlichkeit mit Großzügigkeit, seinen Narzißmus mit Sorge verwechselt.

Diese Illusionen hatte sie nun nicht mehr.

Sie schliefen immer noch im selben Bett. Die Lust meines Vaters auf Essen, Trinken und Sex war wohl so stark wie eh und je. Seine Sinnlichkeit war fordernd, aufdringlich; sie befriedigte ihn, hatte aber alles aufgegeben, was zu ihrer eigenen Befriedigung beigetragen hätte. Und das, was sie nicht selbst aufgegeben hatte, hatte er ihr weggenommen.

Falls er ihre Lust noch immer weckte, empfand sie die seine vermutlich inzwischen als plump und peinlich. Oder vielleicht hatte sie auch das körperliche Interesse an ihm verloren. Der Sex, der auch eine Erlösung sein und das Ich wieder fest im Körper verankern kann, hatte sie nur noch mehr von sich selbst isoliert.

Sie muß eine schreckliche Abscheu vor sich selbst empfunden haben, und sie muß Angst gehabt haben. Sie war vierundvierzig Jahre alt, also für damalige Verhältnisse eine Frau mittleren Alters. Die nächste Stufe waren die Wechseljahre; wo würde sie noch einen neuen Mann finden? Wie sollte sie noch einmal von vorn anfangen, wenn sie gerade erst an ihr Ziel gelangt war?

Sie war müde. Und zutiefst deprimiert. Sie hatte aufgehört zu essen, war dünn genug, um sich auf dem Bügelbrett vor den Herd zu legen. Sie sehnte sich nach Ruhe.

Sie traf ihre Entscheidung ernst und überlegt und vergaß dabei auch ihre künstlerischen Bedürfnisse nicht: die ästhetischen Erfordernisse des Raumes, die moralischen und wirtschaftlichen Forderungen ihres Geldgebers, das Bedürfnis des Künstlers, etwas von dem mitzuteilen, was er fühlt und wahrnimmt. Ihre Tat hatte Ähnlichkeit mit einem Gemälde aus dem fünfzehnten Jahrhundert, wo der Sponsor und seine Familie am unteren Bildrand knien, der Ehemann mit seinen Söhnen auf der einen Seite, die Ehefrau mit ihren Töchtern auf der anderen, die einander über das Bild hinweg anschauen. Ihre Körper definieren den Vordergrund; hinter ihnen hat der Künstler freie Hand, den Raum durch die neuen Erkenntnisse der Perspektive zu strukturieren. Nur war meine Mutter eine moderne Künstlerin, sie wollte nicht nur die Perspektive, sondern auch ihre Zwillingsschwester, die Zeit, zerstören.

12. Kapitel
Das Buch Hesekiel

Nach der Beerdigung zogen wir nach Cranford, verwirklichten also genau die Pläne, die meine Mutter zum Selbstmord getrieben hatten. Sie hatte sich einmal im Leben behauptet, doch nun machte mein Vater diese Selbstbehauptung nachträglich zunichte.

Er, meine Brüder und meine Tante packten unsere Sachen zusammen. Ich blieb bei meiner Freundin Judy Marshall und wurde nicht informiert über die Dinge, die nun passierten, obwohl ich natürlich neugierig war. Eines Tages, als ich zusammen mit meiner Freundin Theresa spielte, kam ich in die geputzte, aber immer noch rußige Küche, wo mein Vater und Hal Teller in Kisten verpackten. »Hier hast du nichts verloren!« sagte mein Vater mit lauter Stimme. Ich blieb erschrocken stehen, zögerte und verließ die Küche dann rückwärts gehend. Es war ein merkwürdiges Gefühl, kurzerhand aus einem Raum verbannt zu werden, in dem ich meiner Mutter sehr nahe gewesen war. Meines Vaters Worte bekamen über die gegenwärtige Situation hinaus eine tiefere Bedeutung, als handle es sich dabei um eine kosmische Botschaft, die einzig und allein für mich bestimmt war.

Der Möbelwagen wurde vorausgeschickt, und eines Morgens stiegen wir in das Auto und fuhren nach New Jersey. Wir hatten keinen Katzenkorb, also nahm Hal das verängstigte Tier auf den Schoß, was zur Folge hatte, daß die Katze ihn anpinkelte. Als wir bei dem neuen Haus ankamen, pinkelte das Tier, das zwar ein wenig orientierungslos war, aber doch versuchte, sich an die üblichen Regeln zu halten, in den Kamin. Hal war wütend und setzte die Katze kurzerhand vor die Tür. Wir sahen sie nie mehr wieder. Ich dachte, daß sie begriffen hatte, wie unerwünscht sie hier war, und daß sie sich mit eingezogenem Schwanz verzogen hatte.

Eine andere Familie wäre während dieses Sommers in Cranford vielleicht ein bißchen enger zusammengewachsen, aber bei uns war das nicht der Fall. Wie konnten wir das auch, wenn unser Mittelpunkt fehlte? Wir hatten alle mit unserem persönlichen Schock zu tun und planten wohl jeder für sich eine Flucht. Nichts hatte uns auf diesen Selbstmord vorbereitet; wir wollten das Wissen darum verleugnen.

Der Tonfall, der zwischen meinem Vater und mir nach dem Selbstmord herrschen sollte, zeigte sich an dem Tag, an dem wir die Leiche meiner Mutter entdeckt hatten, als er aus New York eintraf. Ich war die ganze Nacht aufgewesen und lag nun mit einem Comicheft auf einem Bett im Haus des irischen Friedensrichters. Ich erinnere mich noch, daß ich mein rotes Cowboyhemd mit dem weißen Saum trug. Die Tür ging auf, und mein Vater streckte den Kopf herein. Er sah mich einen Augenblick mit finsterem Gesicht an und fragte: »Alles in Ordnung?« Ich antwortete mit ja und fühlte mich ausgesprochen unwohl dabei. Er zog sich zurück, immer noch mit finsterem Gesicht.

Bald schon schickte er mich zu den Marshalls. Dort störte mich niemand, und ich gab mir die größte Mühe, mich gedanklich in prähistorische Zeiten zurückzuziehen. Außerdem unterhielt ich mich artig und ließ mich hin und wieder auf eine Kissenschlacht mit Judy ein, mit der ich das Zimmer teilte. Ich hörte Schallplatten von Spike Jones und spielte Jacks, ein Spiel, das mich vorher nie interessiert hatte, das ich aber jetzt in seiner Monotonie beruhigend fand. Ich weiß noch, daß ich auf dem Boden des Eßzimmers in der Sonne saß und allein Jacks spielte, als meine Tante, die Schwägerin meiner Mutter, hereinkam. Sie ging vor mir in die Hocke und fragte: »Willst du zu der Beerdigung deiner Mutter gehen?«

Ich bekam sofort ein Gefühl der Beklemmung. Irgendwie wußte ich, daß sie verbrannt werden sollte, und ich hätte nicht sagen können, welches Bild schlimmer war – meine Mutter eingesperrt in einer Kiste oder Kiste und Körper zu Asche verbrannt. Soweit ich wußte, würde der Sarg während der Beerdigungsfeier offen sein, und ich würde mich noch einmal mit der Stille auseinandersetzen müssen, die sie schon immer umgeben hatte.

Also flüsterte ich nein, und meine Tante stand auf und verließ das Zimmer.

Das war so ziemlich die ganze Diskussion, die wir innerhalb der Familie über den Selbstmord meiner Mutter führten. Das war dann noch das eine Mal, wo ich meinen Vater zufällig dabei belauschte, wie er, vom Kummer überwältigt, durch das Haus in Cranford lief und immer wieder den Namen meiner Mutter rief. Aber natürlich konnte ich über diesen Vorfall nie reden. Er blieb als Bild in meinem Kopf, für andere nicht zu unterscheiden von einer der Geschichten, die ich mir selbst ausdachte. Alles andere, was in unserem Haushalt vor sich ging, widersprach dem, was mein Vater in diesem unbedachten Moment von sich preisgegeben hatte.

Was sich bei uns abspielte, war nur der Schein eines Alltagslebens. Erik und Hal übernahmen die Wäsche und das Kochen, was bedeutete, daß unsere Kost von nun an fast ausschließlich aus Hamburger, Hot dogs (Hal mochte sie eingeschnitten und gebraten, Erik machte sie in heißem Wasser warm) oder Hühnchenpasteten und dazu Pommes frites, Spinat oder grünen Bohnen aus der Tiefkühltruhe bestand.

Ich stand daneben und schaute zu. Ich sehnte mich danach, das Regiment in der Küche zu übernehmen und mich um die Wäsche zu kümmern; ich hatte den Eindruck, daß ich als Tochter meiner Mutter ihre Pflichten übernehmen, ihren Platz im Haushalt einnehmen müßte. Aber natürlich sagte ich nie etwas von diesen Überlegungen, und meinen Brüdern kam es niemals in den Sinn, mich um Hilfe zu bitten.

Schließlich fand mein Vater eine Haushaltshilfe, die jeden Tag das Abendessen auf den Tisch brachte. Sie machte die Küche zu einem Raum, in dem niemand sonst etwas zu suchen hatte, und ich bekam schon bald Schwierigkeiten mit ihr. Ich weiß noch, daß ich eines Tages mit einer Packung Marshmallows aus der Küche kam (sie putzte gerade oben) und sie fragen wollte, ob ich mir etwas herausnehmen dürfe. Erik und Hal standen im Flur neben der Treppe; sobald sie mich sahen, riefen sie nach oben: »Signe nascht Marshmallows!« (Es kann schon sein, daß ich die Hand in der Schachtel hatte.) Die Haushälterin schickte mich in mein Zimmer. Ich ertrug diese ungerechte Bestrafung nicht, also versteckte ich mich im Wandschrank und weigerte mich, wieder herauszukommen.

Nachdem wir eine Haushälterin hatten, kam mein Vater praktisch nur noch zum Schlafen nach Hause; die Leitung der Penn Station nahm ihn so sehr in Anspruch, daß er auch am Samstag und Sonntag arbeitete. Ich beendete gerade die vierte Schulklasse, wo wir uns mit alter Geschichte beschäftigten. Aus irgendeinem Grunde waren wir immer noch im alten Ägypten, und ich entwikkelte ein besonderes Interesse für Mumien. Ich schlug den Eintrag zu diesem Thema in unserer Encyclopedia Britannica, 11. Auflage, auf und vertiefte mich in das, was dort über die Mumifizierung zu lesen war. Reiche Menschen ließen sich die Eingeweide herausnehmen und diese getrennt konservieren; bei besonders wichtigen Leuten bekamen diese Eingeweide sogar eine eigene Urne. Die Körper wurden in einem riesigen Bottich mit aromatischen Harzen und anderen Konservierungsstoffen eingelegt, die irgendwie auch die Fuß- und Fingernägel bewahrten. Arme Leute wurden in einem Gemeinschaftsbottich geschwenkt, und zwar mit allen Innereien.

Mein Vater freute sich über mein Interesse, und eines Sonntags begleitete er uns zu den Mumien im Metropolitan Museum in New York City. Aber ich hatte Angst vor den Steinsarkophagen. Mir war nicht klar gewesen, daß die Konservierung die Vorbereitung für die Beerdigung war; ich hatte geglaubt, sie sei so etwas wie eine Wiederbelebung des Toten. Der konservierte Mensch konnte jeden Augenblick ins Haus kommen und sich ums Mittagessen kümmern.

Die meisten Schüler gingen zum Mittagessen nach Hause, also bot die Schule kein Essen an. Eine Weile aß ich immer ein Thunfischsandwich an der Theke eines Drugstores, wo auch ein paar Lehrer einen Imbiß nahmen. Ich brachte meist einen Band der Encyclopedia Britannica mit, den ich vor mir auf der Theke ablegte; mittlerweile hatte ich herausgefunden, wie tröstend eine gewisse Altklugheit und die Bewunderung der Erwachsenen sein konnten. Ich freundete mich in der Schule mit einem Mädchen an und verbrachte einige Zeit bei ihr zu Hause. Auch meine Rundgänge in der Nachbarschaft setzte ich fort, so daß ich schon bald überall bekannt war und in den meisten Häusern ein und aus ging. Genau wie in St. Davids, gab es auch hier viele große Häuser mit Rasenflächen, über die Kinder rannten oder Verstecken spielten. Manchmal gesellte ich mich zu ein paar zwölfjährigen Mädchen, die aus irgendeinem Grund nichts dagegen hatten, daß ich ihnen beim Nähen, Zubereiten von Nachspeisen, beim Lesen von Zeitschriften und beim gegenseitigen Untersuchen der sich allmählich entwickelnden Brüste Gesellschaft leistete. Wenn ich mit anderen Kindern zusammen war, hatte ich manchmal fast das Gefühl, als sei nichts passiert. Ich trieb durch eine Traumlandschaft, ein Phantasieland angenehmer Nebensächlichkeiten.

Vermutlich taten mein Vater und meine Brüder genau dasselbe und konzentrierten sich auf kleine, alltägliche Dinge, um sich von dem Unbegreiflichen abzulenken. Wir hatten keine Worte für Gefühle, aber selbst wenn wir solche Worte gehabt hätten, wäre ich nicht in der Lage gewesen, sie zu benutzen.

Aber das, was ich damals empfunden habe, empfinde ich hin und wieder immer noch in meinen Träumen, die mit den ursprünglichen von damals nicht mehr viel zu tun haben. Die Explosion hatte alle wichtigen Dinge, alle Ecksteine meines Lebens, die mein Universum zusammenhielten, zerstört, hatte alles in Frage gestellt. Hinter meinem Schrecken fühlte ich mich sehr klein und sehr leer, völlig unfähig, mich mit den gewaltigen Ausmaßen des Geschehenen auseinanderzusetzen. Vor allen Dingen empfand ich tiefe Scham, ihretwegen und meinetwegen, und furchtbare Angst. Sie hatte ein heilloses Durcheinander hinterlassen. Früher oder später würde ich mich damit auseinandersetzen müssen.

Ich hörte mit dem Beten auf. Ich hatte Gott immer für einen

weitentfernten, zornigen Richter wie meinen Vater gehalten; ich hatte jeden Abend gebetet, aber es war mir nie in den Sinn gekommen, ihn um Trost zu bitten. Jetzt erschien es mir sicherer, ihm ganz aus dem Weg zu gehen. Da ich Angst hatte vor dem, was in mir war, versuchte ich, mein Bewußtsein auszuschalten.

Hinter unserem Garten floß der Rahway River, eigentlich eher ein größerer Bach, der sich durch die Stadt, draußen an den Gärten der Mietshäuser vorbei und schließlich durch einen Sumpf und einen Wald schlängelte. Zusammen mit unserem Haus hatten wir auch ein altes grünes Segeltuchkajak erworben, und ich lernte, damit auf dem Fluß zu paddeln. Sobald das Wetter wärmer wurde, verbrachte ich Nachmittag um Nachmittag und später sogar ganze Sommertage auf dem Rahway River. Dort hatte ich irgendwie das Gefühl, zur Ruhe zu kommen, wenn ich dahintrieb, die Landschaft betrachtete und an nichts Besonderes dachte. Eines Tages fand ich alte Patronenhülsen einer Schrotflinte im Schilf am Rande des Sumpfes und hatte Angst, daß hier Gewalt lauerte, auch wenn ich sonst keinerlei Anzeichen dafür entdecken konnte.

Ich war noch jung genug, um mir eine Phantasiewelt aufzubauen. Auf dem Fluß dachte ich mir komplizierte Geschichten aus mit Leuten aus den Häusern, an denen ich vorbeifuhr. In den Wäldern, in denen ich oft den ganzen Tag spazierenging, wenn ich nicht gerade Kajak fuhr, wurde ich zum Indianer, zu einer mutigen Rothaut aus einem der Romane von James Fenimore Cooper, zu einem Herrscher des Waldes, und ich schlich kaum hörbar über den Waldboden. Ich war unbesiegbar, hatte keine Angst vor Hunger, Durst oder Folter und war auch, da ich mich ja in meiner natürlichen Umgebung bewegte, für die plumpen, ungeschickten und lauten Weißen nicht zu sehen. Ich konnte mich an sie heranschleichen und sie skalpieren, wann immer ich wollte, und dann wieder im Wald verschwinden.

Ich hatte schon immer so viel gelesen, wie ich nur konnte, aber jetzt wurden Bücher und Zeitschriften für mich zu einer Überlebensstrategie. Ich las alles, was ich bekommen konnte, und lebte die Geschichten in meiner Phantasie aus: *Ivanhoe, Der letzte Mohikaner.* Ich las die Zeitschriften von der ersten bis zur letzten Seite, sogar die winzig gedruckten Anzeigen auf den Rückseiten der Frauenmagazine, in denen Heilmittelchen gegen Schuppenflechte und andere Gebrechen angepriesen oder die Geheimnisse der Rosenkreuzer enthüllt wurden. Ich versuchte, ganz in diesen Anzeigen aufzugehen, ohne daß noch etwas von mir selbst übrigblieb.

Ich versuchte, mir ein neues Ich zu schaffen, das dem ähnelte, was bereits jemand beschrieben hatte. So würde ich mit Sicherheit wissen, daß ich als Person in Ordnung war. Eigentlich hätte ich gar nicht existieren sollen, aber irgendwie mußte ich mich an mir selbst festhalten. Ich wollte, daß meine Gedanken zu einem Text paßten, den ein Redakteur bereits für gut befunden hatte – obwohl ich damals noch nichts von Redakteuren und ihrer Tätigkeit wußte –, also stellte ich mir einen Gott vor, der entschied, was gedruckt und veröffentlicht wurde. Ich glaubte, daß ein solcher Redakteur nie schlechte Gedanken, Fehler oder Ideen, die Schaden anrichten konnten, drucken lassen würde.

Die Frauenzeitschriften wurden für Frauen gemacht, wie ich eine werden sollte, aber ich konnte meine eigene Situation einfach in keiner davon entdecken. Niemand, den ich kannte, hatte jemals Schuppenflechte gehabt, und die Probleme, die den in den Artikeln zitierten Menschen so wichtig erschienen, die so ernsthaft von Psychiatern und Briefkastentanten diskutiert wurden, waren für mich ziemlich unwirklich. Aber meine Mutter hatte solche Magazine abonniert, also dachte ich, wenn ich sie las, könnte ich vielleicht herausfinden, welche Art von Mensch sie nicht zornig oder ängstlich gemacht und, was noch wichtiger war, sie nicht ins Grab gebracht hätte.

Ich wünschte mir, meine Mutter nicht umgebracht zu haben und anderen Menschen, zum Beispiel meinen Vater, der genausogut schuld hätte sein können, keine Rechenschaft geben zu müssen. Keinesfalls konnte ich ganz spontan ich selbst sein. Ich sortierte ziemlich streng die Verbindungen zwischen Gefühl, Erinnerung,

Wahrnehmung und Vorstellung sowie zwischen Vorstellung und Gesprochenem oder Vorstellung und Handlung. Ich wollte diese Verbindungen völlig durchtrennen; schließlich ging es um Leben und Tod. Wenn ich mich nur eine Minute vergaß und mich bloßstellte, bot ich eine Zielscheibe für den Zorn meiner Mutter, meines Vaters oder meiner selbst.

Mein Vater wußte etwas, was ich damals noch nicht ahnte, nämlich daß meine Mutter sich durch ihren Tod über ihn lustig gemacht hatte. Daß sie gesagt hatte: *Schau, das denke ich über den Handel, den ich mit dir geschlossen habe; der Tod ist mir ein angenehmerer Ort als dein Haus.*

Gott allein weiß, was meine Brüder wußten oder dachten. In jenem Sommer hatte Arno sich fast schon von der Familie abgenabelt. Hal steckte gerade mitten in der Pubertät. Er war ein stämmiger, schwarzhaariger, muskulöser Sechzehnjähriger mit einer knallengen, geknöpften Levis, bereit, seine eigenen Wege zu gehen, aber immer noch irgendwie Teil der Familie. Erik war vierzehn, schlaksig und hatte kleingelocktes blondes Haar, das er selbst nicht ausstehen konnte, und eine immer noch brüchige Stimme. Er war mein erklärter Rivale, manchmal auch mein Spielkamerad. Er war noch fest in der Familie verwurzelt, auch wenn ihn die Fliehkraft langsam, aber sicher nach außen zog.

Ich saß in der Falle. Der Selbstmord hatte all meine Freiräume zunichte gemacht. Alle Kompromisse, die ich mittlerweile geschlossen hatte zwischen dem Gewissen meiner Mutter und meinen eigenen Bedürfnissen – ihrer Forderung nach absoluter Perfektion und meinem Bedürfnis, mich frei zu bewegen, Kontakte mit anderen Menschen zu schließen, mich auch einmal schmutzig zu machen und mir die Hände zu zerkratzen –, waren nun hinfällig geworden, plötzlich wirkten sie billig und unwürdig. Das elende Gebäude aus Zugeständnissen und Ausweichmanövern stürzte über mir zusammen und machte mich benommen. Das, was ich mir an Unabhängigkeit errungen hatte, war nun nur noch so viel wert wie Diebesgut. Alles, was ich jetzt für mein eigenes Leben beanspruchte, mußte ich dem meiner Mutter stehlen.

Ich konnte mich nicht mehr davonschleichen, weil der Blickwinkel meiner Mutter nun nicht mehr durch die Fenster ihres Schlafzimmers begrenzt war. Jetzt saß sie direkt neben Gott und sah alles.

In Cranford befand sich mein Schlafzimmer unmittelbar neben dem meines Vaters, auf der einen Seite des oberen Flurs. Erik und Hal hatten Zimmer, die von einem Verbindungsgang weiter hinten abgingen, und sie hatten jeweils eine eigene Tür, die jeder von ihnen schließen konnte, wenn er wollte. Mein Vater kam gewöhnlich am Morgen in mein Zimmer, um mich zu wecken, bevor er zur Arbeit ging. Ich wachte auf, und er stand an der Tür, eine dunkle Gestalt in einem dunklen Anzug. Oder er stand direkt neben meinem Bett und sah auf mich herunter.

Ich bekam Schlafprobleme. Ich weiß noch, daß ich auf meinem Bett saß und mir die Fotos eines Artikels in *Look* über das Leben im Gefängnis anschaute. Alles war grün, auch die Kleidung der Gefängnisinsassen. Fast hatte ich den Eindruck, als befinde sich das ganze Gefängnis tief unten im Meer.

Am Ende jenes Sommers, kurz vor meinem Geburtstag, spitzte sich die Lage in Korea zu, und Präsident Truman übernahm das Kommando über die Eisenbahn, um einen Generalstreik zu verhindern. Mein Vater zog die Reservistenuniform an und fuhr nach Baltimore, um die Baltimore & Ohio Railroad zu leiten. Hal und Erik schickte er in das Jungeninternat in der kleinen Stadt im südlichen Pennsylvania, wo meine Tante und mein Onkel, der Bruder meines Vaters und seine Frau, lebten. Auch mich schickte er zu diesen Leuten, und ich begann an der dortigen Schule, der dritten in diesem Jahr, die fünfte Klasse.

Ich hatte drei Neffen, die ungefähr so alt waren wie meine Brüder; zwei davon verbrachten den ganzen Tag in der Jungenschule, kamen aber am Abend nach Hause, so daß ich immer noch genügend Kontakt zu Jungen hatte. Da meine Tante keine eigene Tochter hatte, konnte sie sich, was meine Erziehung anbelangte, nur an ihrer eigenen Jungmädchenzeit orientieren. Ich war nicht bereit, mich von einer anderen Frau bemuttern zu lassen, also war ich launisch, schwierig und sehr unglücklich. Meine Tante und mein Onkel stellten ebenso wenig eine Verbindung her zwischen meinem Verhalten und dem Selbstmord meiner Mutter wie irgend jemand sonst in der Familie; vermutlich war es nicht leicht für sie, mit mir umzugehen.

Aber wenigstens fand ich eine Freundin in der Stadt, und während des warmen Herbstes spielten wir in den schmalen Gassen zwischen den Häusern aus dem achtzehnten Jahrhundert. In dieser Stadt schien es noch nie eine Explosion gegeben zu haben. Ich freundete mich mit der friedlichen Beständigkeit der hübschen Backsteinhäuser an, wo dichtbelaubte Bäume in der lauen Abendluft wisperten, wo kleine, hölzerne Häuser in den Gassen standen und zweistöckige Geschäftshäuser mit Balkon um den Platz mit dem reichverzierten, schmiedeeisernen Brunnen.

Eines Tages, Ende September oder Anfang Oktober, kam ich von der Schule nach Hause, und meine Tante gab mir einen Brief von meinem Vater. Sie ließ mich allein, während ich ihn las. Darin stand, daß mein Vater wieder geheiratet habe und daß ich nach Baltimore zu ihm und seiner Frau kommen solle. Meine Mutter war gerade erst sechs Monate tot. Ich hatte das Gefühl, daß mir ein völlig neues Leben bevorstand.

Wir wollen alles wieder zurück. Wollen, daß sie in ihrer eigenen Küche an der Arbeitsfläche steht, den Kuchenteig knetet und mit dem Löffel prüft, ob die Glasur hart genug ist. Wollen die Verwandlung des Teiges in den Kuchen im unschuldigen Ofen. Wollen, daß sie die beiden Pfannen auf Gestelle ablegt, damit sie zu einer Temperatur abkühlen, die für normal Sterbliche erträglich ist. Wollen die Schüssel mit dem Schokoladenkaramelüberzug, dessen Rezept mit ihr gestorben ist, vor dem Ofen, wo er durch die Hitze des Rohrs warmgehalten wird. Wollen ihr zusehen, wie sie den Überzug dick mit der schmalen Kuchenspatel aufträgt. Wollen, daß sie den Kuchen als letzten Akt ins Wohnzimmer trägt. Wollen sehen, wie der Kuchen mit dem inzwischen hart gewordenen Karamelüberzug auseinandergeschnitten wird. Wollen sehen, wie sich das weiche, gelbe Herz des Kuchens öffnet. Wollen den Geschmack im Mund spüren. Wollen, daß der Kuchen endlich mit uns verschmilzt, mit dem Leib und dem Blut der Familie.

In Baltimore hatte mein Vater ein riesiges Büro und einen geduldigen schwarzen Steward mit weißer Uniform, der sich immer mit mir beschäftigen mußte, wenn ich zu Besuch kam. Das erste Mal sah ich die Frau, die meine Stiefmutter werden sollte, den Flur in einem Baumwollkleid, mit weißen Handschuhen und Hut hinunterhuschen. Sie war Angestellte bei der Eisenbahn gewesen; mein Vater lernte sie kurz nach seiner Ankunft in Baltimore kennen. Für sie war das die erste Ehe, und sie hatte gerade ihre Arbeit aufgegeben. Sie war ungefähr so alt wie meine Mutter zum Zeitpunkt ihres Todes. Mein Vater wirkte fröhlich-schroff in seiner Uniform.

Die erste Nacht in der Stadt verbrachten wir alle im Hotel, im selben Zimmer, sie im Doppelbett und ich in einem Feldbett daneben. Ich lag die ganze Nacht wach und lauschte auf ihr Schnarchen und den Straßenverkehr. Am nächsten Tag fuhren wir hinaus zu dem kleinen Haus, das mein Vater in einer kleinen Siedlung vor den Toren von Baltimore gemietet oder gekauft hatte.

Das Haus sah irgendwie vertraut aus; es hatte vorne einen kleinen Rasen mit einem jungen Baum, einen kurzen Weg, der zum Haus führte, ein paar schmale Stufen mit einem schmiedeeisernden Geländer und weiße, schindelgedeckte Seitenwände. Drinnen hätte ich mich auch mit verbundenen Augen zurechtgefunden. Kleiner Eingangsbereich, links das Wohnzimmer, Eßzimmer rechts. Küche hinten, hinter dem Eßzimmer. Oben, nach vorn hinausgehend, das große Schlafzimmer, zwei kleinere Schlafzimmer hinten, zu beiden Seiten des Ganges.

Das Haus war so etwas wie ein Zwilling unseres Hauses in Fort Wayne während des Zweiten Weltkrieges, als mein Vater ebenfalls Uniform getragen hatte und wir noch nicht nach St. Davids gezogen waren. Der einzige Unterschied bestand darin, daß ich diesmal das Zimmer bekam, das Arno und Hal sich in Fort Wayne geteilt hatten. Das Zimmer, das ich mit meinem Bruder Erik geteilt hatte, nachdem mein Vater auf Heimaturlaub nach Hause gekommen war und mich aus dem Schlafzimmer meiner Mutter verbannt hatte, war jetzt das Gästezimmer, wo die Brüder übernachteten, wenn sie in den Ferien nach Hause kamen.

Wir schienen uns zeitlich nach rückwärts zu bewegen, vielleicht sogar aus der Zeit hinaus. Es war, als sei nicht nur der Selbstmord nicht geschehen, sondern als habe auch unser ganzes früheres Familienleben nicht stattgefunden. Ich war so etwas wie ein neugeborenes Riesenbaby, dieser Mann und diese Frau waren meine Eltern, und wir alle waren unschuldig wie die Lämmer.

Die ganze Zeit über, die wir in diesem Haus wohnten, war mir ein bißchen übel. Trotzdem nahm ich zu. Ich entdeckte, daß sich alles nicht so sehr bewegte, wenn ich ganz ruhig dasaß und wenn ich aß, hatte ich weniger Angst. Meine Stiefmutter unterstützte mich noch, indem sie mit mir Marmeladen-Doughnuts kaufte; in dieser neuen Version unseres Familienlebens gab es keine süßen Brötchen wie bei meiner Mutter.

Ich fing nicht gleich mit dem Essen an. Es gab durchaus so etwas wie kurze Flitterwochen zwischen meiner Stiefmutter und mir, als mein Vater uns beide zum Abendessen und ins Kino ausführte. Ich weiß noch, daß ich eines Abends im Auto hinten bei meiner Stiefmutter saß, während mein Vater den Wagen lenkte. Vielleicht sollte mich das dazu bringen, ihr ein bißchen näherzukommen. Meine Stiefmutter trug ein schwarzes Hemdkleid, schwarze Handschuhe und einen schwarzen Strohhut. Sie war eine große, grobknochige Frau mit langen, pechschwarzen Haaren, die sie zu einem Knoten zusammengebunden hatte. Ich war müde und lehnte mich an ihre Schulter. Sie legte den Arm um mich, und ich versuchte, mich an ihren Busen zu kuscheln, aber irgendwie paßte das nicht ganz. Sie hielt sich sehr aufrecht, als sie das ungewohnte Gewicht spürte, so daß ich immer einen harten spitzen Schulterknochen oder eine Rippe spürte; ich mußte mich zusammenkauern, und nach einer Weile gab ich es auf.

Wir paßten überhaupt nur in sehr weniger Hinsicht zusammen. Meine neue Mutter stellte ihr Leben gern folgendermaßen dar: Statt das College zu besuchen, sei sie Fotomodell geworden und hätte ein intensives gesellschaftliches Leben hinter sich gebracht, das sie auch einmal mit Archie Leach (später als Cary Grant bekannt) zusammengeführt hätte. Aber wenn sie ein bißchen getrunken hatte, und das war ziemlich oft der Fall, betrachtete sie sich als Märtyrerin, die als Tochter einer irischen Familie gezwungen war, von der Schule abzugehen, damit ihre jüngere Schwester und ihr Bruder diese abschließen konnten. Sie heirateten beide früh, so daß ihr die Aufgabe zugefallen war, ihre Mutter während einer langen Krankheit hingebungsvoll zu pflegen. Sie war immer noch zornig darüber, daß man ihre Jugend und ihre Talente so ausgenützt hatte, und das hielt sie uns allen auch immer wieder vor.

Ich möchte nicht behaupten, daß sie es leicht mit mir gehabt hätte. Schließlich wollte ich mich nicht von ihr bemuttern lassen. Unsere Beziehung zueinander wurde geprägt von einigen heftigen Auseinandersetzungen, in deren Verlauf ich einfach in mein Zimmer lief und die Tür hinter mir zuschlug. Ich machte sie nur kurz wieder auf, um ein Schild mit der Aufschrift EINTRITT VERBOTEN! aufzuhängen. Meine Stiefmutter ging dann schließlich mit Kopfschmerzen ins Bett und bat mich, ihr ein Glas Bier zu bringen. Das konnte ich ihr nicht abschlagen, also kam ich aus meinem Zimmer wieder heraus. Ich hatte keine Ahnung, wie man Bier servierte, und da es heiß war, tat ich ein paar Eiswürfel hinein. Später, als ich bei ihr am Bett saß, erzählte sie mir etwas über das Bier, wie und zu welchen Gelegenheiten man es tränke, und daß jemand aus ihrer Familie einmal Eis ins Bier getan hätte und wie die anderen darauf reagierten. Irgendwie hatte sie mich damit am Haken; meiner Mutter war ihr Mittagsschlaf heilig gewesen, und sie hatte mir auch nur selten etwas erzählt. Meine Stiefmutter hatte wie viele Südstaatler die Gewohnheit, das, was sie sagte, in Geschichten zu verpacken, und diese Geschichten schienen ihr nie auszugehen. Der beständige Strom ihrer Worte füllte die Lücken in unserem Verhältnis, so wie es sein sollte.

Sie hatte einen kindisch-impulsiven Sinn für Humor. Als wir eines Tages in den Washington Zoo gingen, überredete sie meinen Vater, einen Hamster für mich zu kaufen. Wir nahmen ihn in einem Glas mit ein bißchen Streu und einem Deckel mit Löchern mit, das Washington Monument hinauf, ins Kino und danach zu Miller's, das große Fischrestaurant in Baltimore, wo ich den Deckel abschrauben durfte, so daß der Hamster auf dem Tischtuch herumlaufen konnte. Der Kellner, den meine Stiefmutter kannte, brachte dem Tierchen geriebene Karotten und grünen Salat auf einem Unterteller. Mit meiner Mutter zusammen hätte ich so etwas niemals erlebt.

Meine Stiefmutter gab sich auch die allergrößte Mühe, mir bei meinen schulischen Aufgaben zu helfen. Eines Abends, als ich ein Modell eines griechischen Tempels bauen mußte (offenbar beschäftigten sich alle Grundschulen mit der Geschichte des Altertums), half sie mir dabei, mit Seife, die wir zu Säulen schnitzten, einen zu konstruieren. Wir färbten Seidenpapier mit grüner Lebensmittelfarbe und trockneten es im Backofen, dann zerschnitten wir es in kleine Stücke und machten Gras daraus.

Sie war durchaus fähig, schulische Vorschriften zu umgehen. Als einer meiner Hamster später während der Schulzeit davonlief, rief sie mich in der Schule an, um mir das zu sagen, und teilte dann dem Schulleiter mit, daß es einen Unfall gegeben habe und daß er mich früher nach Hause gehen lassen solle. Einmal, als ich in der sechsten Klasse war, ließ sie mich für einen Tag von der Schule befreien, damit ich die Yankees in den World Series sehen konnte. Wir saßen oben auf der Zuschauertribüne, und sie zeigte mir von dort aus die winzigen Gestalten namens Joe DiMaggio und Casey Stengel.

Doch allmählich entwickelte ich eigenständige Vorstellungen darüber, was mir gefiel, auch wenn sie sich wünschte, daß ich auf ewig ein Kind bleiben sollte. Sie erzählte mir viel, wogegen ich ihr letztlich ziemlich wenig zu sagen hatte. Das meiste, was ich wirklich dachte oder fühlte oder interessant fand, widersprach ihren strengen katholischen Vorstellungen von Schicklichkeit, wie sie die untere Mittelschicht pflegte. Das wurde mir schon bald klar, als mein Vater mit uns einen Film über Martin Luther anschaute. In dem Streifen verkaufte ein dicker Priester auf dem Hauptplatz von Mainz Ablässe an alle, die es sich leisten konnten. Meine Stiefmutter wurde unruhig, stand auf und ging, gefolgt von meinem Vater. Er kam jedoch bald wieder zurück und blieb bei mir, um mit mir zusammen zuzusehen, wie Martin Luther die Reformation vorantrieb. Danach gesellten wir uns zu meiner Stiefmutter, die im Wagen saß und eine Zigarette rauchte.

»Ich weiß nicht, wie ihr euch so was anschauen könnt«, sagte sie wütend. »Ich habe noch nie so etwas Verleumderisches gesehen. Priester haben nie so etwas gemacht. Ich kann mir gar nicht vorstellen, weshalb man erlaubt hat, daß ein solcher Film gedreht wird. Ich sage euch, diesen Martin Luther hätte man erschießen sollen.«

Bald schon wurde mir klar, daß sie nicht nur wie meine Mutter vorzeitig von der Schule abgegangen war, sondern mich auch genau wie meine Mutter unbedingt in ihre Welt integrieren wollte. Und genau wie bei meiner Mutter hatte ich mit größtmöglicher Passivität die größten Erfolge. Also saß ich da, aß gefüllte Doughnuts und hörte mir ihre Geschichten an, die bereits nach kurzer Zeit alle gleich klangen. Fast hatte ich den Eindruck, daß sie redete, um nichts sagen zu müssen. Ich vermißte das Schweigen meiner Mutter, das mir nun vergleichsweise angenehm und einfühlsam erschien.

In Baltimore sah ich zum erstenmal, was Menstruation bedeutete. Im Frühjahr, als wir Mädchen in der Schule Baumwollröcke trugen, bekam ein Mädchen aus der sechsten Klasse eines Tages ihre

Periode, ohne es selbst zu merken. Wir sahen alle die braunen Flekken hinten auf ihrem Rock. Alle wußten, was das war, aber niemand hatte den Mut, es ihr zu sagen. Die Jungen tuschelten, manche von ihnen kicherten auch. Mir war übel; so würde das also werden. Man konnte diese Sache nicht kontrollieren; man beschmutzte sich, und alle sahen es.

In Baltimore hatte ich auch ständig wiederkehrende Träume von Atombomben. Anfang der fünfziger Jahre gab es an allen Schulen Luftschutzübungen. Wenn man hört, daß die Bombe unterwegs ist, duckt man sich unter seinen Schreibtisch oder die Schließfächer auf der den Fenstern gegenüberliegenden Seite. Man schützt die Augen mit einem Arm und den Kopf mit dem anderen. Man rollt sich zusammen, um die lebenswichtigen Organe zu schützen. Wenn die Entwarnung kommt, macht man die Augen auf, um die Überreste dessen zu sehen, was einmal die Welt war.

In meinen Träumen öffnete ich die Tür des Hauses in St. Davids nach der Bombe. Alles war aschgrau: Der Hof war dick mit Asche bedeckt, und die verkohlten Bäume streckten ihre zerrissenen, blattlosen Äste gen Himmel.

Oder die Bombe fiel herunter und nahm mich mit, weg von dem Haus in Baltimore. Die Bombe und ich beschrieben zusammen eine große Schleife und kamen dann auf gerader Linie wie ein Pfeil direkt auf das Haus zu.

Mein Vater führte etwas im Schilde. Vielleicht war ihm das selbst gar nicht bewußt, aber er flog mit Autopilot, wie alle anderen Familienmitglieder auch. Aber irgendwie hatte er wohl beschlossen, daß wir noch nicht im Gelobten Land lebten. In seinem kleinen Haus, aus dem er jeden Tag in seiner Uniform hinausging, um seine Pflicht für das Land zu tun, schmiedete er Pläne für seine Rückkehr. Wir sollten nicht ein völlig neues Leben beginnen, sondern uns auf eine Rückkehr in das alte vorbereiten. In unserem Leben würde es keine neuen Ereignisse mehr geben, nur noch Wiederholungen des bereits Vertrauten.

Während des Exils der Juden in Ägypten nach der Zerstörung des ersten Tempels schrieb der Prophet Hesekiel, Gott habe die Israeliten für ihre Sünden bestraft, werde ihnen aber vergeben. Außerdem habe er, Hesekiel, eine Vision des neuen Tempels gehabt, den sie erbauen würden, wenn sie wieder in Jerusalem seien. Der Prophet lieferte einen detaillierten Plan für den zweiten Tempel und das zukünftige religiöse Leben. Er beschrieb die Rituale für jeden Tag der Woche und auch für jeden Feiertag, sowie die Anzahl und Art der Opfertiere. Des weiteren legte er fest, wer Priester werden könne und was diese Priester tragen dürften sowie die Anzahl der Ellen, die jede Mauer in der Höhe, der Breite und der Länge messen dürfte, außerdem die Beschaffenheit von Hof, Eingang und Altar des Tempels.

Es fällt nicht schwer, sich Hesekiel in Ägypten inmitten seines demoralisierten Volkes vorzustellen, wie er beim Licht eines winzigen Dochtes in einer Öllampe nachts an diesem Buch schreibt. Wie besessen denkt er nach über jede Einzelheit, führt sie aus, verwebt sie zu Ritualen, die jeden erdenklichen Aspekt der religiösen Verehrung und des Lebens abdecken und dadurch Elle um Elle, Opfer um Opfer, seine eigene und die kollektive Psyche seines Volkes zusammenhalten. Der Tempel in seinem Kopf würde niemals fallen.

Was mein Vater im Kopf hatte, war kein religiöses Ritual, aber es hatte den gleichen Sinn, nämlich die Rettung, und er ließ seinen Gedanken dieselbe besessene Hingabe an Wiederholung und Detailtreue angedeihen. Für uns wurde so ein Raum außerhalb der Zeit geschaffen, wo das zweite Wunder geschehen könnte.

Sie würde wieder zum Leben erwachen und in unsere Mitte zurückkehren.

13. Kapitel

Die Rückkehr

Also schlugen wir die Gegenrichtung ein und kehrten allmählich zu dem Haus zurück, wo meine Mutter Selbstmord begangen hatte. Eingehüllt von dem bequemen Selbstbetrug, hatten wir alle an den unterschiedlichsten Orten des Exils von der Familie zu ihrer besten Zeit, vor dem Selbstmord, geträumt. Das besaß eine gewisse Logik: Wenn wir an den Ort zurückkehrten, wo wir einst glücklich gewesen waren, würden wir dort sicherlich wieder glücklich werden. Sogar meine Stiefmutter bemühte sich, sich einzufügen, hörte sich die Geschichten an, fing die Stimmung ein und tauchte ein in die kollektive Phantasie.

Um die Symmetrie perfekt zu machen, bleiben wir ein Jahr in Cranford, während mein Vater nach New York City und zur Penn Station zurückkehrte. Er, meine Stiefmutter und ich lebten in einer Behelfswohnung im obersten Stockwerk eines Hauses, das jemand anders gehörte, bis mein Vater ein Haus in einer noch kleineren Siedlung am Stadtrand fand. Und dann fuhren wir eines Tages, zweieinhalb Jahre nach dem Selbstmord, von New Jersey nach Pennsylvania zurück, bogen in die Auffahrt ein, stiegen aus dem Wagen, betraten die Treppe, über die die Feuerwehrleute meine Mutter getragen hatten. Obwohl ich damals bereits zwölf Jahre alt war, erinnere ich mich nicht mehr an die Ankunft und auch nicht an den Wiedereinzug. Vermutlich verstärkte sich mein Trauma dadurch noch mehr. Meine frühesten Erinnerungen aus dieser Zeit haben mit einer Schulversammlung zu tun, wo ich mich in einen Jungen verliebte, der auf der Bühne einen Diavortrag über seinen Aufenthalt in Griechenland hielt. Ich wollte möglichst weit weg von unserem Haus. Ich hatte das Gefühl, daß es nicht mehr unser Haus war; es war zum Schrein meiner Mutter geworden.

Wir richteten es fast genauso ein wie vor dem Selbstmord meiner Mutter. Die Gemälde meines Großvaters und der Holzschnitt meiner Mutter wanderten wieder an die Wand im Eßzimmer. Der Pennsylvania-Dutch-Schrank stand an einer Wand und wurde mit dem Indian-Tree-Porzellan meiner Mutter gefüllt. Der große Ohrensessel meines Vaters stand neben dem Kamin im Wohnzimmer, und die Großvateruhr wurde wieder auf ihren Platz im Flur befördert. Die Brüder erhielten wieder ihre früheren Zimmer im zweiten Stock. (Das von Arno wurde nur pro forma eingerichtet, weil er das College inzwischen beendet und sich der Navy angeschlossen hatte.)

Es gab jedoch auch ein paar Unterschiede. Das große Familienzimmer neben dem Bad wurde mit den dunklen, schweren Mahagonimöbeln eingerichtet, die meine Stiefmutter aus Baltimore mitgebracht hatte, und dieses Zimmer beanspruchten mein Vater und sie für sich. Der kleine hintere Raum, der früher mir gehört hatte, wurde jetzt das Arbeitszimmer meines Vaters. Die geblümte Tapete, verkritzelt von den Wachsmalstiften des Kindes, dem das Zimmer während unserer Abwesenheit gehört hatte, bildete einen merkwürdigen Hintergrund für den hohen Aktenschrank aus Walnußholz, den Schreibtisch, seine Schreibtischlampe aus Messing mit dem grünen Glasschirm und seinen Mahagonikoffer mit Zeichengerät von Keuffel & Esser – alles aus Messing und Holz und Elfenbein und alles in herausziehbaren Schubladen, die mit grünem Filz ausgeschlagen waren.

Das solide Mahagonibett meiner Mutter, ihr Schreibtisch und ihre Frisierkommode wurden im vorderen Schlafzimmer, das früher meiner Mutter und meinem Vater gehört hatte, an ihrem angestammten Platz aufgestellt. Der Unterschied war nur, daß mein Vater ein Zimmer weiter mit seiner neuen Frau schlief, während ich allein die Nächte im Bett meiner Mutter verbrachte. Und dazwischen klaffte das Loch des begehbaren Wandschrankes.

Schreine haben nicht immer etwas mit Ehre oder Verehrung zu tun; sie können auch erbaut werden, um die Toten zu besänftigen, Schuld abzuwehren oder Zorn zu leugnen. Mein Vater hatte vielleicht alle drei Motive. Als wir nach St. Davids zurückzogen, war ihm klar, daß meine Mutter seine Karriere zerstört hatte. Als er nach New York versetzt wurde, hatte er angenommen, daß er als Vizepräsident nach Philadelphia zurückkehren würde. War er während der letzten Jahre denn nicht unaufhaltsam aufgestiegen? War nicht sein Privatleben über jeden Zweifel erhaben und er selbst bescheiden, aufrichtig und treu? Aber ein Skandal brachte ihn zu Fall, der Skandal, den meine Mutter verursacht hatte, die Wellen der Explosion, die bis in die Büros der oberen Stockwerke innerhalb der Pennsylvania Railroad in Philadelphia gelangten. Sein Konkurrent, ein Mann, gegen den er schon seit Jahren ankämpfte, bekam die Stelle, und mein Vater wurde auf einen Posten verbannt, der für ihn eine Sackgasse bedeutete: Er wurde Leiter der Forschungsabteilung, wo er den Rest seines Lebens damit zubrachte, unterschiedliche Entwicklungsmöglichkeiten für neue Eisenbahnwaggons zu untersuchen. Und dann, nach dem kleinen Zwischenspiel mit Korea in Baltimore, das ihm sicherlich dabei geholfen hätte, endlich den begehrten Generalstitel zu bekommen, verlangte die Eisenbahn von meinem Vater, daß er aus der Reservistenarmee austreten sollte, als er erst den Rang eines Oberstleutnants bekleidete. Natürlich fügte er sich den Wünschen der Eisenbahn. Bereits mit achtundvierzig Jahren wußte er also, daß er keines seiner beiden Lebensziele würde verwirklichen können.

Er war stur. Er hätte nie zugegeben, daß er sich täuschte. Vielleicht wollte er auch meine Mutter besänftigen, aber er konnte ihr trotzdem nicht verzeihen, daß sie seine Hoffnungen und die glatte Oberfläche seines Lebens zerstört hatte. Und seine Söhne waren genauso wenig dazu bereit wie er, weil sie genauso stur sind wie er. Wenn meine neue Mutter ihnen etwas über die Familie und ihre eigene Beziehung dazu sagte, hörten sie ihr nicht zu. Für Schuld interessierten sie sich nicht. Irgendwann einmal kamen sie, gemeinsam und wohl auch unbewußt, zu folgendem Schluß: Wir hatten nicht alle etwas damit zu tun. Ich war schuld; sie wuschen ihre Hände in Unschuld.

Jede Familie hat ihre eigene Version der Ereignisse, die dazu dienen soll, ihr Überleben zu sichern, egal, was auch passiert. Wenn das Kind heranwächst, soll es diese Familienversion lernen, damit es daran glaubt, die Geschichten aus dieser Perspektive erzählt und vor allem die Rolle übernimmt, die ihm innerhalb der Familienstruktur zugedacht ist. In St. Davids begann mir allmählich klarzuwerden, daß es in meiner Familie einen ganzen Subtext gab, der zwar mit meiner Mutter zu tun hatte, aber eigentlich mich betraf – meine Schuld.

Schuldgefühle können den Wunsch nach Sühne oder den Wunsch nach Verbergen oder Verdrängen erzeugen. Diejenigen, die verbergen, halten es gewöhnlich für nötig oder angenehm, einem anderen die Schuld zu geben: einem Sündenbock. Diejenigen dagegen, die sich nach Sühne sehnen, und diejenigen, die noch zu jung oder zu schwach sind, um sich entscheiden zu können, werden zu Sündenböcken. Ich war der geborene Sündenbock; schließlich hatte ich genug Übung.

Viele Familien haben einen Sündenbock, auch wenn keine das zugeben wird. Der Sündenbock ist gewöhnlich das Kind, das nach allgemeiner Auffassung als Querulant betrachtet wird oder doch zumindest unverbesserlich schlecht ist. Eine subtile Methode, dem Kind ein Gefühl der eigenen Wertlosigkeit gegenüber allen anderen Menschen seiner Umgebung mitzugeben, ist die Rolle des Sündenbocks, der die Sünden aller anderen auf sich nimmt und die Unschuld der restlichen Familie bestätigt.

Als ich noch klein war, wurde ich bereits zum Sündenbock, weil ich die Kleinste und obendrein noch ein Mädchen war. Ich war das Mittel meiner Mutter zur Selbstbestrafung. Für Menschen wie sie ist ein Sündenbock unentbehrlich, denn sie werden mit sich selbst nicht fertig und können auch nicht verzeihen. Sie sind ihr eigenes Schicksal, und wenn sie keinen Sündenbock finden können oder wenn sich der Sündenbock entzieht, wie ich es tat, erheben sie unter Umständen die Hand gegen sich selbst, wie sie es schließlich getan hat.

Nach dem Selbstmord paßte mir das Mäntelchen des Sündenbocks wie eine zweite Haut. Meine Tanten hatten mir gesagt, meine Mutter sei ein Engel gewesen. Wenn ein Engel Selbstmord begeht, kann man ihm nicht böse sein, weil er sein eigenes Leben und das des zukünftigen Sündenbocks wegwirft. Ich glaubte, etwas schrecklich Falsches getan zu haben, was ihren Zorn auf mich zog, was sie dazu veranlaßte, mich so sehr zurückzuweisen. Sie war immer schon zu gut für mich gewesen; jetzt konnte ich sie überhaupt nicht mehr erreichen. Ich hatte das Gefühl, als könne ich nie herausfinden, wer sie wirklich gewesen war und noch viel weniger ihrem Vorbild nacheifern. Aber ich brauchte *irgendeine* Verbindung zu ihr; schließlich war sie ja meine Mutter gewesen.

Die Rolle des Sündenbocks brachte auch eine geheime, perverse Macht mit sich, und Macht hatte es nie genug gegeben in meinem Leben. Schuld schließt auch Verantwortung mit ein, und Verantwortung bringt Bedeutung. Ich hatte seit jeher das Gefühl gehabt, daß meine Mutter meine Verantwortung war, schon damals in Fort Wayne, als mir klar wurde, daß ich der Auslöser all ihrer Reaktionen auf mich sei. Ich war bereit, mich selbst zu opfern, um diese Verbindung aufrechtzuerhalten.

Irgendwie gelingt es mir, mit meinem Vater einen Handel abzuschließen. Seiner Meinung nach hat er nie jemanden zum Umzug gezwungen: Er hat das Haus in Cranford nicht gekauft, ist auch nie eingezogen. Er sitzt schon die ganze Zeit mit mir draußen auf der Veranda, an einem Sommerabend vor dem Essen, an dem großen Kaffeetisch, den ich aus einem alten Holztisch gebastelt habe, der früher im Keller stand. Ich habe die Farbe abgeschliffen, einen breiten Riß oben auf der Tischfläche gekittet, die Beine abgesägt und das Holz frisch lackiert. Das war eine Beschäftigung für mich, und ich habe die Arbeit genauso gut gemacht, wie meine Brüder es hätten tun können. Auf dem Tisch stehen zwei der Spezialdrinks meines Vaters: ein bißchen Honig, dazu zwei Fingerbreit Rum über Eis, Soda und einen Zweig Minze aus dem Beet neben der Veranda, das meine Mutter angelegt hat. Wir verwenden silberne Löffel, mit denen wir den Honig am Grunde des Glases umrühren. Mein Vater liest die Zeitung; ich lese ein Buch. In der Küche bereitet meine Stiefmutter das Abendessen zu.

Als sie uns zu Tisch ruft, setze ich mich rechts von meinem Vater hin, wo ich auch vor dem Selbstmord immer gesessen war. Meine Stiefmutter sitzt zu seiner Linken, auf dem Platz meiner Mutter. Er spricht das Dankgebet und besteht darauf, unser beider Hand zu halten. Während des Essens sagt er immer wieder Sätze wie: »Für mein Geld gibt es keinen besseren Ort als daheim« oder »So ein gutes Essen bekommt man im Restaurant überhaupt nicht.« Er möchte, daß wir merken: Diesmal meint er es ernst, aus diesem Haus zieht niemand mehr aus.

Er macht Farbfotos von der Familie rund um den Eßtisch: Meine Stiefmutter starrt irgendwo in die Ferne, meine Brüder, die die Ferien zu Hause verbringen, stehen, Drinks in der Hand, neben ihren Stühlen. Wenn ich diese Fotos ansehe, sehe ich fleischfarbene Geister durch das Eßzimmer meiner Mutter schweben. Ihre Bilder hängen an den Wänden, ihr Porzellan, ihre Möbel, sogar der Raum selbst ist wirklicher als wir. Aber für meinen Vater sind die Fotos Mittel der Verteidigung: Hier in diesem Haus ist nie etwas geschehen. Niemand ist hier in der Nacht aufgestanden und in die Küche gegangen, um das Gas aufzudrehen.

Ich verstehe ihn, und vermutlich bin ich die einzige in der Familie, die das von sich behaupten kann. Ich begreife, daß alles ein großer Fehler gewesen ist, daß etwas schrecklich schiefgegangen ist und daß er ungerecht behandelt worden ist. Ich glaube, daß er das gleiche über mich denkt, daß er mich trösten will und daß unser stilles Einverständnis genau diesem Zweck dient.

Doch eigentlich bin ich nicht viel mehr als sein Alibi – der lebende Beweis, der Mutter wie aus dem Gesicht geschnitten.

Rund um mich herum tun alle so, als sei nichts geschehen. Hal hat mit dem College angefangen; das bedeutet, daß er nur während der Ferien zu Hause ist, aber sein Zimmer ist voll von seinen Büchern, seinen Platten und seinen Waffen. Ich verbringe dort viel Zeit, höre Jazz und Swing und lese alles, von Mickey Spillane bis Thomas Mann. Hal scheint etwas zu fühlen, Kraft zu haben. Wir reden nie über unsere Mutter, aber ich glaube, daß er einfühlsam ist, weil er Jazz hört und Romane sammelt. Schon das Lesen seiner Bücher ist ein Trost für mich; ich fühle mich sicher in seinem Zimmer.

Mit dreizehn beziehe ich seine Gewehrständer mit Filz, als er Geburtstag hat. Mit fünfzehn lese ich seine Aufzeichnungen aus Carlos Bakers Kurs über Hemingway, lese die Romane und verliebe mich in Robert Jordan aus *For Whom the Bell Tolls*. Als ich den Film sehe, verliebe ich mich aufs neue in Gary Cooper und Ingrid Bergman. Ich lese *Death in the Afternoon* und bin fasziniert vom Stierkampf. Ich suche nach dem Schlüssel zu Hemingways unerschütterlichem Gleichmut. Ich glaube, daß mein Vater, der Hemingway nie gelesen hat, diesen Kode verstehen und achten würde. Mein Vater erzählt mir die ganze Zeit, ich müsse lernen, hart zu werden. Er zitiert gerne Kipling: »Alle Menschen sollen einem wichtig sein, aber keiner zu wichtig.«

Ich fasse das, was Hemingway und mein Vater zu sagen haben, als Anweisung auf, mich um nichts zu kümmern. Ich werde zu einem zynischen Teenager und schreibe »Das Leben ist Scheiße« auf all meine Hefte. Aber natürlich bin ich verletzlich wie jeder andere Teenager auch. Unterscheidet sich meine Überzeugung, daß ich verdammt bin, mein Bewußtsein einer gewaltigen Ungerechtigkeit wirklich so sehr von der im Teenageralter weitverbreiteten Angst? Meine Familie glaubt das nicht, und mich kann man leicht irritieren.

Erik geht auf die Mittelschule und ist mein letzter Bruder, der bei uns im Haus schläft. Er bemüht sich sehr, seine Wut zu kontrollieren. Er spielt Football und ist Mitglied der Schülermitverwaltung, wo er eine Mentorin in der Vertrauenslehrerin findet. Sie bringt ihm die hohe Kunst der Diplomatie bei und lehrt ihn, Reden zu halten. Außerdem nimmt sie ihn zu überregionalen Treffen der Schülermitverwaltungen mit.

Mein Vater und meine Stiefmutter führen zusammen auch ein richtiges Leben, in dem sie ihm gewachsen ist; sie wird nie Selbstmord begehen. Wenn sie wütend wird, was ziemlich oft passiert, bringt er Stunden damit zu, sie zu besänftigen. Sie ist wütend auf ihn, weil er spät von der Arbeit nach Hause kommt, am Wochenende arbeitet, nur selten ihre Gesellschaft sucht. Sie ist wütend auf mich, weil ich nicht sofort nach der Schule nach Hause komme, um meine Pflichten im Haushalt zu erledigen, auch wenn sie, wenn ich dann tatsächlich einmal sofort nach Hause komme, immer ein Schläfchen hält, das Essen bereits fertig vorbereitet ist und nur noch gekocht werden muß und die Küche makellos sauber ist. Die Küche ist ihr Machtbereich; sie läßt es nicht zu, daß ich dort oder im Haus irgend etwas tue, aber irgendwie macht sie das trotzdem wütend. Sie sagt, mein Vater und ich seien selbstsüchtig und denken nie an sie. Damit hat sie teilweise recht. Wir sehen einander voller Mitgefühl an, wenn sie, bis obenhin voll mit Bourbon, bei Tisch wieder eine ihrer Beschwerden losläßt. Wenn sie so richtig in Fahrt ist, setzt sie gern große, melodramatische Gesten ein und droht, all ihre Möbel aus dem Schlafzimmerfenster zu werfen. Damit erregt sie die Aufmerksamkeit meines Vaters. Obwohl ich mich sehr bemühe, mich zu beherrschen, erschreckt mich ihr Zorn; ich weiß, daß sie betrunken ist und übertreibt, aber ich habe trotzdem Angst, daß sie mich, genau wie meine Mutter, bestrafen wird, weil ich ihr Lamentieren für gewöhnlich ignoriere.

Wir laden nicht sehr oft Gäste ein, aber wenn wir es tun, wenn zum Beispiel einer meiner Brüder Freunde zum Abendessen mitbringt, ist mein Vater charmant – eben ein perfekter Gastgeber. Er erzählt gern Witze und kleine moralische Erbaulichkeiten nach dem Essen, steht von seinem Platz am Ende des Tisches auf, die Zigarre in der einen Hand, das Rauchglas mit dem Likör in der anderen. Jetzt, wo er mit einer Katholikin verheiratet ist, muten seine Witze ein wenig ökumenischer an. Er mag Geschichten, in denen ein Protestant, ein Katholik, ein Jude oder ein Schotte, ein Ire und ein Jude vorkommen. Diese Geschichten machen sich lustig über die Protestanten und die Katholiken, über die Schotten und die Iren, aber die Pointe geht gewöhnlich auf Kosten der Juden, von denen keiner hier bei uns am Tisch sitzt.

Eine seiner Lieblingsgeschichten handelt jedoch ausschließlich von Katholiken. Er muß sie von meiner Stiefmutter erzählt bekommen haben, die sie wiederum vielleicht von einer Nonne oder einem Priester hörte: Eine Nonne geht in die Stadt und kommt ein wenig angetrunken ins Kloster zurück. Als die Mutter Oberin sie zu sich ruft und fragt, was sie zu ihrer Entschuldigung vorbringen kann, deutet die Nonne mit ernstem Gesicht mit einem Finger auf sie und sagt: »Peng! Peng!« Schockiert schickt die Mutter Oberin die Nonne in ihre Zelle. Am nächsten Tag ruft sie die Nonne vor dem versammelten Konvent auf und sagt: »Schwester, ich möchte, daß Sie genau das wiederholen, was Sie letzte Nacht zu mir gesagt haben.« Die Nonne deutet mit dem Finger auf die Mutter Oberin und sagt: »Klick. Klick.« »Schwester«, sagt die Mutter Oberin, »gestern nacht haben Sie ›Peng! Peng!‹ gesagt.« »Ich weiß, Mutter Oberin«, sagt die Nonne, »aber letzte Nacht war ich auch geladen.«

Arno heiratete seine Freundin von der High-School. Erik legte sich eine feste Freundin zu. Mein Vater merkte nun allmählich, daß seine Söhne erwachsen wurden. Und ich merkte zum ersten Mal, daß sich etwas für Hal und Erik veränderte und daß mein Vater nichts dagegen hatte, als eines Sommernachmittages eine junge Frau mit einem tragbaren Plattenspieler und einer Tasche voller Platten bei uns in Baltimore ankam. Mein Vater stellte den Plattenspieler für sie auf dem Kartentisch in einer Ecke des Eßzimmers auf, aus dem der Eßtisch mittlerweile verschwunden und in den Flur verbannt war. Ich sah zu, während die junge Frau abwechselnd mit jedem meiner Brüder den Foxtrott tanzte, ihnen zuerst den Grundschritt zeigte und sie dann über den Boden führte. Dann tanzte sie mit meinem Vater, einem hervorragenden Tänzer, der sogar der Lehrerin noch etwas beibringen konnte. Ich schaute zu, wie sie sich führen ließ, die Schultern und Knie entspannte, die sie vorher angespannt hatte, als sie meinen Brüdern die Schritte zeigte. Am Schluß des Tanzes wirbelte er sie herum und zog sie dann wieder zu sich heran, genau bei dem letzten Takt. Sie warf den Kopf zurück und lachte. Dann wandte sie sich wieder meinen Brüdern zu.

Mit mir ist das eine andere Geschichte. Mein Vater ersparte mir nichts. Seiner Meinung nach bin ich die Ersatzgöttin und gehöre in das Bett meiner Mutter; wenn ich lebe, wenn ich frei bin, nehme ich ihm meine Mutter weg.

Weil ich ihn und meine Brüder an sie erinnere, können sie mir nie ganz verzeihen, daß ich am Leben bin. Also sühne ich die Zerstörung des Körpers meiner Mutter, indem ich meinen eigenen opfere. Für die Schuld und die Verschwörung meines Vaters und meiner Brüder zahle ich mit der Bereitschaft, diese Schuld zu übernehmen, für ihre Freiheit zu leben, mit meiner eigenen Beisetzung im Mittelpunkt der Familie. Ich werde sie ermahnen, damit sie selbst vergessen können. Ich werde mich selbst opfern, damit sie leben können.

Ich mache es ihnen leicht. Als ich in die Pubertät komme, läßt mein Körper, auf den ich stolz gewesen bin, mit dem ich Bäume hinaufklettern, schneller als alle anderen Kinder Fahrrad fahren, rennen, springen und vor allem entkommen konnte, mich im Stich. Mit neun oder zehn Jahren war mein Körper stark, und ich konnte mich auf ihn verlassen; mein Intellekt arbeitete rational, ich hatte feste Gewohnheiten. Ich hatte mich unter Kontrolle, war am Gipfel meiner Kraft als Kind angelangt. Ich kam mir überlegen und würdig vor. Doch plötzlich muß ich mich mit dem Verrat meines Körpers auseinandersetzen.

Hat meine Mutter dasselbe erlebt? Jedenfalls untersagte sie mir von Anfang an meine eigene Sexualität. Das war damals nichts Ungewöhnliches: Als sie mich mit fünf oder sechs Jahren dabei erwischte, wie ich an mir selbst herumrieb, und ich ihr dann sagte, daß sich das gut anfühle und (ziemlich schnell, damit es sich unschuldig anhörte) daß ich mich nur kratze, weil es mich juckte, sagte sie mir, vielleicht habe ich mir da ja eine Krankheit geholt. Als meine beste Freundin Barbara ihrer Mutter erzählte, sie und ich – wir waren damals neun Jahre alt –, hätten nachgeschaut, ob wir schon Schamhaare bekämen, wurde Barbaras Mutter hysterisch und rief meine Mutter an, die ihrerseits hysterisch reagierte. Beide Mütter erklärten uns nachdrücklich, wie schrecklich das sei, was wir getan hätten, und verboten uns daraufhin einige Zeit, miteinander in einem Bett zu schlafen.

Tausende, vielleicht Millionen von Mädchen haben gegen ganz ähnliche Dinge ankämpfen müssen, um zu einer reifen, erwachsenen Sexualität zu gelangen. Aber meine Mutter hatte ihren Körper zerstört.

Ich weiß noch, wie ich in der Badewanne saß und sie beobachtete, als sie nackt vom Waschbecken herüberkam mit glänzenden Schamhaaren. Ihre Brüste waren fest und rund, die Schultern gerade, die Hüften bereit und weiblich, und auf beiden Seiten standen die Hüftknochen leicht hervor. Ihre Haut war gesprenkelt braun rund um die Brustwarzen und rötlich an Handgelenken und Nakken.

Als sie starb, war mein eigener Körper noch immer glatt, haar- und brustlos, und es waren noch keinerlei Anzeichen dafür zu entdecken, daß ich mich von einem geschlechtslosen Kind, einem Mädchen, das mit kurzen Haaren und mit Jeans auch als Junge gelten konnte, zu einer jungen Frau entwickeln würde. Aber ich hatte es für selbstverständlich gehalten, daß der Körper meiner Mutter eines Tages mir gehören würde, daß ich erwachsen werden und das Leben einer Frau führen würde. Solange sie lebte, mußte ich das Versprechen dieser Zukunft nicht fürchten. Dann zerstörte sie ihren Körper. Mit zu den ersten Dingen, die mir durch den Kopf gingen, gehörte, daß ich sterben müsse, weil ich noch ein Mädchen war.

Als die Sexualität sich in meinem Körper und meinem Geist zu regen begann – als ich unsicher und unbeholfen wurde –, bekam ich schreckliche Angst. Die psychologischen Veränderungen setzten ein, als ich elf Jahre alt war, damals in Cranford, bevor wir nach St. Davids zurückzogen. Ich hielt mich verzweifelt fest an meiner Fähigkeit, mich in der Täuschung zu verlieren; ich weiß noch, daß ich an dem See in dem Park vor unserem kleinen Ranchhaus stand und versuchte, die unliebsamen Veränderungen meines Körpers in meinem Kopf ungeschehen zu machen und statt dessen ein mittelalterliches Königreich erstehen zu lassen, in dem ich kurz davor war, mir die Ritterwürde zu erwerben. Ich wünschte mir diese Prüfung und fürchtete diejenige, die mir tatsächlich bevorstand.

Zur gleichen Zeit zog ich mit einigen älteren Mädchen herum, die mir das *True-Confessions*-Magazin mitbrachten. Im Sommerlager trug ich zum ersten Mal Make-up und wurde von einem älteren Jungen geküßt, der mich ebenfalls für älter hielt (ich war groß für mein Alter), jedoch schon bald das Interesse verlor, weil ich darauf bestand, beim Küssen die Lippen fest zusammenzupressen.

Zwei Jahre lang hing ich zwischen meiner Phantasiewelt und der Zukunft in der Schwebe. Doch als ich dreizehn war und in St. Davids endlich die Menstruation einsetzte, unkontrollierbar und schändlich, wurde ich für immer aus dem Land der Phantasie verbannt.

Natürlich wußte ich, daß die Menstruation gleichbedeutend war mit der Fähigkeit, Kinder zu bekommen, was ja angeblich etwas Wunderbares sein soll. Aber auf mir lastete die Vergangenheit zu schwer. Man hatte mir beigebracht, kühle Distanz zu meinem Körper zu wahren, ihn so weit wie möglich zu kontrollieren, angewidert zu sein von den Dingen, die aus ihm herauskamen, und von seinen Bedürfnissen. Auf die Geburt freute ich mich ungefähr genauso sehr wie auf die Menstruation; die Gefahr der Auflösung war gewaltig. Als ich entdeckte, daß der Anblick meines voll bekleideten Körpers die Aufmerksamkeit von Männern und Jungen erregen konnte, wich die erste Freude über meine Macht schon bald der Scham und Angst.

Eines Sommernachmittags im ersten Jahr meiner Menstruation zog ich Shorts mit schwarz-weißem Hahnentrittmuster, einen roten Gürtel, meinen wattierten Büstenhalter und ein weißes Baumwollhemd an, das ich mir alles von meinem Taschengeld gekauft hatte. Barfuß ging ich über die Straße, wo Tommy Sergeant gerade das Auto seines Vaters in der Auffahrt wusch. Ich kannte Tommy seit meinem sechsten Lebensjahr; er und ich waren zusammen auf Bäume geklettert, hatten einander mit Holzäpfeln beworfen, hatten sogar im Scherz miteinander gekämpft. Wir waren Nachbarskinder. Mittlerweile war er sechzehn.

Er stand mit einer Dose Politur in der einen Hand und einem Lappen in der anderen über die Kühlerhaube gebeugt. Er schaute nicht auf, als ich am hinteren Ende des Wagens stehenblieb. Ich sagte: »Hallo, Tommy«, und er sah mich an. Dann musterte er mich, hob den Kopf, kam zu mir herüber, lächelte und begrüßte mich. Dabei stand er nahe genug bei mir, um mir in den Ausschnitt zu schauen, den ich so sorgfältig zurechtgezupft habe, daß er, das hoffte ich zumindest, den wattierten Büstenhalter nicht sehen konnte.

Ich spürte, daß sein Interesse an mir nichts mit dem zu tun hatte, was ich sagte. Auch ich selbst bekam nicht allzuviel von der Unterhaltung mit; ich konzentrierte mich völlig auf meine wachsende Erregung, auf das angenehme und doch erschreckende Gefühl, daß Tommy Sergeant so nahe bei mir stand und fast schon meinen wattierten Büstenhalter berührte. Ich streckte ihm meinen Busen entgegen; ich spürte, daß ich eine Herausforderung für ihn darstellte, spürte das Leben in mir.

Und dann ging ich wieder zurück über die Straße zu unserer Veranda und setzte mich. Dort im Schatten war es kühler; die Büsche verdeckten mich, aber ich konnte alles sehen, was draußen auf der Straße vor sich ging. Die Auffahrt zu Tommy Sergeants Haus hätte gut und gerne Millionen von Kilometern entfernt sein können, eine Fata Morgana in der flimmernden Augusthitze. In mir waren alle Tabus meiner Mutter am Arbeiten; die düstere Steinmauer hinter mir hätte zu einem Gefängnis oder einer Gruft gehören können. Wenn mein Vater von der Arbeit nach Hause kam, mußte ich mit ihm zusammen in der Dämmerung auf dieser Veranda sitzen. Ich hatte ihn bereits dabei beobachtet, wie er auf meiner Mutter lag, die Hände, wie es schien, an ihrem Hals, das Gesicht rot und angeschwollen, der Körper pumpend, ihr Kopf über die Bettkante hängend, der Mund offen, als wolle sie gleich schreien.

Es war während des Krieges. Er war gerade von Persien zurückgekehrt, ein Fremder, ein riesiger, dunkler Mann auf dem Nickle-Plate-Bahnsteig neben meiner Mutter. Sie war schon seit Wochen aufgeregt gewesen, hatte sogar das Schlafzimmer frisch gestrichen – wo auch ich während seiner Abwesenheit in meiner Wiege geschlafen hatte. Er verdrängte mich nach und nach; zuerst verbannten sie mich in ein kleines Bett in ihrem Zimmer und stellten zwei Stühle vor dieses Bett, damit ich nicht herausfiel. In jener Nacht sah ich seine Erektion – auf mich wirkte sie riesig, bedrohlich. In der nächsten Nacht landeten mein Bett und ich in dem Zimmer, das eigentlich Erik gehörte. Ich wartete, bis Erik schlief, und kletterte dann aus dem Bett, um zum Zimmer meiner Mutter zurückzulaufen und mein Recht zu fordern.

Am nächsten Tag konnte ich den Blick nicht von meiner Mutter abwenden; ich war erstaunt, daß sie einfach so herumlief, als sei nichts geschehen, die Betten abzog, ganz normal in ihrem Sommerkleid.

Nicht nur Tommy Sergeant und ich waren erregt an jenem Sommernachmittag, als ich dreizehn war; auch die Gasexplosion drinnen im Haus spielte eine Rolle, die Leiche meiner Mutter auf dem Bügelbrett und ihr Kopf, der über die Kante dieses Bügelbretts hing.

Je weiblicher mein Körper wird, desto weniger lassen mich die anderen Familienmitglieder aus den Augen. Ständig muß ich mir Verbote anhören: *Setz dich nicht im Schneidersitz hin* – meine Stiefmutter. *Kau keinen Kaugummi auf der Straße. Roll die Ärmel nicht im-*

mer hoch – Erik, wenn er mit mir unterwegs ist. Er ist sich meiner Weiblichkeit ausgesprochen bewußt und übt heftige Kritik, wenn ich versuche, sie zu betonen. Als ich das erste Mal einen Eyeliner verwende, sieht er mich an und sagt: »Du machst das nicht richtig. Kein Wunder, daß es schrecklich ausschaut.«

Mein Vater paraphrasiert Robert Burns: »Wenn du dich nur so sehen könntest, wie andere dich sehen!« Womit er meint, daß ich dann genauso entsetzt wäre wie er selbst. Er erklärt mir immer wieder, was er von sexuell emanzipierten Frauen hatte. Seine Lieblingsparabel, die er besonders gerne zur moralischen Erbauung nach dem Abendessen erzählt, handelt von einem Mann, der eine Frau fragt, ob sie für eine Million Dollar mit ihm schliefe. »Natürlich«, antwortet diese. Dann fragt er sie, ob sie auch für zehn Dollar mit ihm schlafen würde. »Was glauben Sie denn, was ich bin?« fragt sie völlig entrüstet. »Ich weiß, was Sie sind«, meint er daraufhin, »ich versuche nur gerade herauszufinden, wieviel Sie kosten.«

Aber er flirtet gerne, liebt es, wenn ich ihn auf die Wange küsse, sobald er nach der Arbeit nach Hause kommt, meine Lippen dagegen presse, den letzten Rest Aftershave rieche und sage: »Du riechst aber gut.« Denn dann kann er mit einem strahlenden Lächeln antworten: »Ich bin auch so gut, wie ich rieche.« Manchmal an Sommernachmittagen, wenn er mich oben an der Treppe erwischt, wie ich gerade in Shorts aus dem Haus will, tätschelt er mir das Hinterteil und nennt mich seinen »steilen Zahn«. (Hal hat mir wiederholt erklärt, daß eine Frau schlecht sei, wenn sie den Mann anmache, ihn an der Nase herumführe, doch mir kommt nie in den Sinn, meinem Vater solche Motive zu unterstellen – im Gegenteil: Ich sonne mich in seiner Aufmerksamkeit.)

Wir schaffen uns keinen Fernseher an, weil mein Vater Wert auf gepflegte Konversation legt. Nach der Schule gehe ich zu einer Freundin und sehe mir dort die Sendung *American Bandstand* an. Wir träumen zusammen davon, nach Philadelphia zu gehen, um dort auch in der Sendung aufzutreten, aber das wagen wir dann doch nie. Die Kinder im Fernsehen sind richtige South-Philly-Typen: Die Mädchen kauen Kaugummi, tragen enge Röcke und noch engere Angorapullover, und ihre dauergewellten Haare stecken unter Kappen und fallen in großzügigen Locken auf ihre Schultern. Die Jungen tragen schulterlanges Haar, das vorn zu kunstvollen Gebilden hochfrisiert ist. Ihre Hosen werden von Klammern zusammengehalten, und die Hemdkrägen haben sie hochgestellt. Wir hingegen sind Main-Line-Kids mit weißen Blusen, Peter-Pan-Krägen, kreisrunden Röcken und Halbschuhen. Für meinen Vater ist der Jitterbug »Sex im Stehen«.

Als ich sechzehn oder siebzehn bin, bringe ich einen Polaroid-Schnappschuß mit nach Hause, den jemand während einer Tanzveranstaltung gemacht hat. Darauf tanze ich engumschlungen mit meinem Freund, die Augen geschlossen. Ich stecke das Bild in ein Buch auf dem kleinen Tisch neben meinem Bett. Als ich eines Tages von der Schule nach Hause komme, wartet meine Stiefmutter völlig außer sich vor Zorn im Gang auf mich und hält mir das Foto entgegen: »Was denkst du dir eigentlich dabei – so ein Bild mit nach Hause zu bringen? Dein Vater wird außer sich sein.«

Verblüfftes Schweigen. Sie streckt mir das Bild hin, ich nehme es.

»Zerreiß es«, fordert sie.

»Nein!« kreische ich und spüre, wie ich hysterisch werde. Ich versuche es mit Vernunft: »Du hattest kein Recht, einfach meine Sache durchzuwühlen. Das gehört mir. Ich habe auch einen Privatbereich.« Ich weiß, daß das keinen Zweck hat; ich weiß auch, daß sie regelmäßig in meinem Zimmer herumschnüffelt – nicht einmal Erik ist sicher vor ihrer Neugierde. Ich weiß außerdem, daß sie als irische Katholikin zwar den Alkohol toleriert, aber beim Sex versteht sie keinen Spaß.

Ich denke: *Wir haben doch nichts Unrechtes getan. Wir haben einander doch bloß im Arm gehalten.*

»Wenn du es nicht zerreißt, zeige ich es deinem Vater«, sagt sie.

Die Vernunft in mir fällt allmählich in sich zusammen. Ich zerreiße das Bild.

»Signe, das wirst du nie bereuen«, sagt sie. Doch ich bereue es bereits.

Diese Geschichte ereignet sich ein paar Jahre, nachdem mein Vater meine Stiefmutter und mich nach Buzzard's Bay, Cape Cod, fuhr, wo wir zu dritt im selben Motelzimmer schliefen. Ganz früh am Morgen weckte er mich auf und sagte, ich solle meinen Badeanzug anziehen. Erst als wir am Holzsteg waren, fiel mir wieder ein, daß er und meine Mutter manchmal zum Martin's Dam hinausgefahren waren, um dort bereits am frühen Morgen zu schwimmen.

Mir war es zu früh, zu kalt und zu nebelig; außerdem wollte ich nicht im Badeanzug neben meinem Vater stehen. Er war verspielt wie ein kleiner Junge und flirtete mit mir; er bestand darauf, daß ich zuerst ins Wasser spränge. Ich hatte Angst, daß er auf mich springen würde, deshalb schwamm ich, sobald mein Kopf wieder aus dem Wasser auftauchte, zum Holzsteg zurück. Dort stand ich dann, zitternd, nur in das dünne Motelhandtuch gehüllt, während er immer wieder hin und her schwamm. Als er dann schließlich wieder zu dem Holzsteg zurückkam, klebte der Stoff seiner gelben Badehose eng an seinem Körper, an der Rundung in seinem Schritt. Schweigend gingen wir zum Zimmer zurück, wo meine Stiefmutter auf der Bettkante saß und eine Zigarette rauchte.

Allmählich wird alles ziemlich schwierig für mich. Das Haus birst schier vor Sexualität: halbnackte Begegnungen vor dem Bad oder im Flur, Rundungen in Slips und Jeans; Unterhosen, T-Shirts, Flecken von erotischen Träumen auf den Bettlaken, intime Kleidungsstücke, die im Wäschekorb landen. Mein Vater, sich jeden Morgen in Boxershorts rasierend, und zwar bei halbgeöffneter Badezimmertür. Und ich, eine Halbwüchsige voller Kraft, mit der die Lust durchzugehen droht.

Die Asche meiner Mutter liegt im Familiengrab auf einem Friedhof in Douglaston, Long Island, begraben. Sie sind alle heilig und rein dort, die Toten. Aber ich bin ihre Erbin – in Wort und Tat. In mir und durch mich könnte sie eines Tages zu neuem Leben erstehen. Die Männer haben mich zu einem Sammelbecken all jener Dinge gemacht, die unangenehm und zerstörerisch waren am Selbstmord meiner Mutter, zu einem Behältnis für all das, was sie an den Frauen verachten. Ich bin benommen, weil ich so vieles aus der Familiengeschichte weiß, werde fast erstickt von den Tabus der Sexualität, bin eine Gefangene der erotischen Träume und Alpträume meines Vaters und seiner Söhne.

Ich bemühe mich, die Tür zum Wandschrank nur dann zu öffnen, wenn ich einen Morgenmantel trage oder vollständig bekleidet bin. Aber manchmal vergesse ich es; dann mache ich die Tür auf, nur mit einem Slip bekleidet, und auf der anderen Seite steht mein Vater, ein dunkler Schatten hinter den Kleidern auf ihren Bügeln. Er sagt nie etwas, aber ich habe das Gefühl, daß er dort auf mich wartet.

Ich bitte ihn, eine Trennwand einzubauen zwischen seinem Teil des Schranks und meinem, aber dem Wunsch wird nicht entsprochen; ein Privatbereich wird mir nicht zugestanden. Wenn ich nachts im Bett liege und lese, weiß ich nie, ob nicht jemand hereinkommt. Niemand klopft hier in diesem Haus an. Also schreibe ich Notizen voll beißendem Sarkasmus über die Familie und lege diese auf meinen Schreibtisch; ich weiß, daß meine Stiefmutter sie lesen wird, wenn sie wieder einmal mein Zimmer durchsucht.

Jahre später lese ich über die Mörderin Lizzie Borden, deren Schlafzimmer vier Türen hatte (eine mehr als das meine). Es führte direkt in das Zimmer ihrer Schwestern und in den Raum, wo ihr Vater zusammen mit ihrer Stiefmutter schlief. Genau wie bei mir hatten auch ihre Türen keine Schlösser, so daß alle Familienmitglieder hereinspazieren konnten, wann immer sie wollten. Ich verstehe ihre mörderische Wut, mit der sie die Axt schwang; sie war vierunddreißig Jahre alt, und während der ganzen Zeit hatte sie nie so etwas wie einen Privatbereich besessen.

Während meine Stiefmutter am Sonntagmorgen unten in der Küche ein herzhaftes Frühstück zubereitet, wie meine Mutter es auch immer getan hatte – Waffeln und Kidney Stew, das süße Zitronenbrot, das das ganze Jahr frisch aus dem Ofen kam, darauf Butter und dünne Scheiben Gjetost, der süße braune Ziegenmilchkäse, den unsere Familie ebenfalls noch aus Norwegen herübergerettet hatte – schleicht mein Vater nach oben. Wenn ich seinen schweren Schritt im Flur höre, rolle ich mich ganz hinten im Bett zusammen, den Rücken zu Tür. Er kommt herein, setzt sich auf die Bettkante und beugt sich über mich, mit einem Arm auf der Matratze abgestützt, den kräftigen Unterarm eng an meine eigenen Unterarme gedrückt, die ich schützend vor meine Brust presse. Seine linke Hand liegt schwer auf meiner Schulter. Er spricht mit schmeichelnder Stimme: »Willst du denn nicht aufstehen, Signe? Nona macht uns ein wunderbares Frühstück, uns beiden.« Während er redet, beugt er sich so weit zu mir herab, daß ich seinen Atem auf meiner Wange spüre, und sein Arm drückt sich immer enger gegen mich.

Ich kann kaum noch atmen; ich tue so, als schlafe ich tief und fest, und liege ganz ruhig da, bis er es aufgibt und wieder hinuntergeht. Oder ich grunze irgend etwas Unverständliches, das er als Zustimmung deutet. Dann drückt er mich noch einmal kurz, bevor er das Zimmer verläßt. Wenn er weg ist, überfällt mich jedesmal ein Gefühl der Scham. Ich ertrage dieses Wissen nicht, das Gefühl, sein Spiel mitzuspielen. Fordere ich denn das alles heraus, wenn ich einfach so liegenbleibe? Sollte ich nicht lieber früh aufstehen und bereits vollständig bekleidet auf ihn warten? Erregt mich nicht insgeheim das Wissen um diese Minuten?

Er hat mich in seiner Gewalt. Er geht äußerst geschickt vor und achtet immer darauf, daß meine Stiefmutter die einzige in seinem Bett bleibt. Nur er und ich wissen um die Sonntagmorgen, wenn er neben mir auf dem Bett sitzt, das er sich früher mit meiner Mutter teilte und wo er jetzt versucht, mich mit verführerischer Stimme aus dem Schlaf zu locken.

Ich lasse es zu, daß man mich in die offizielle Version der Familiengeschichte verstrickt; ich frage mich, ob ich tatsächlich als Same des

Bösen geboren worden bin, der nun inmitten dieser glücklichen Familie aufgeht. Die Gesichter meines Vaters und meiner Brüder, sogar das meiner Stiefmutter, werden zu Spiegeln, die mir zahllose übergroße Bilder der schlimmsten Ängste zu meiner eigenen Person zeigen: Störenfried. Mörderin. Eine monströse Versagerin und Egoistin, deren Unfähigkeit und gedankenlose, ungerechtfertigte, eigensinnige und egoistische Taten die Heilige enttäuscht und tödlich verwundet haben.

Diese Spiegel entlarven mich als verzerrtes und beflecktes Spiegelbild meiner toten Mutter – eine ständige schmerzliche Erinnerung für jeden, auch für mich selbst, an den perfekten Menschen, dessen Tod ich verursacht habe. Mir wird klar, daß ich keinerlei Anrecht auf einen Platz innerhalb der Familie habe. Ich bin so etwas wie eine Unperson; eigentlich dürfte ich gar nicht am Leben sein.

Wie kann ich ihr Bett und ihren Wandschrank benutzen, meine Sachen in ihren Schubladen aufbewahren? Falls ich jemals gehofft haben sollte, irgendwann einmal ihren Platz im Haus einzunehmen, wird mir jetzt klar, daß ich das nie tun werde. Sie ist zu einem Mythos geworden, zu einer Fiktion. Ich bin nicht mehr die Heldin in meinem eigenen Stück, sondern nur noch eine Nebenfigur in dem ihren.

14. Kapitel

Abschließende Analyse

Nach allem konnte ich nicht mehr fliehen, indem ich einfach von zu Hause auszog. Ich war schon zu tief in die Mechanismen verwikkelt, die unsere Familie zusammenhielten.

Wie ich schon beschrieben habe, machte mir der Selbstmord meiner Mutter während meiner Collegejahre sehr zu schaffen wie auch mein Selbsthaß. Ich reagierte auf ganz normale Ereignisse auf eine Weise, die keinen Sinn für mich ergab: Im Harvard Yard lernte ich einen Jungen kennen, mit dem ich mich verabredete, aber als er dann tatsächlich bei uns im Wohnheim anrief, bekam ich Panik und versuchte verzweifelt, jemanden zu finden, der an meiner Stelle mit ihm ausgehen würde. Mit ein bißchen mehr Einsicht oder auch nur Nachsicht gegenüber meiner eigenen Person hätte ich mir solche Reaktionen vielleicht verziehen, doch mich trieben sie fast zum Wahnsinn, bis ich sie in irgendeiner Form kompensiert hatte. Während meines ersten Collegejahres verliebte ich mich in einen Jungen, den mir Freunde vorgestellt hatten, aber als er einige Wochen später mit mir schlafen wollte, hatte ich Angst. Natürlich verlor ich ihn. Also sprach ich in jenem Sommer einfach einen wildfremden Mann in einer Bar an und ging mit ihm ins Bett. Vermutlich könnte man das auf ganz amüsante Weise schildern, aber um der Wahrheit die Ehre zu geben, ich war ziemlich betrunken, als es passierte, und danach noch tagelang deprimiert.

Manche Dinge in der Schule machten mir großen Spaß, zum Beispiel die Lektüre von Milton, Chaucer oder Shakespeare, aber als Akademikerin sah ich mich nie. Vielmehr hielt ich mich für eine Schriftstellerin – auch wenn ich wußte, daß ich keinerlei Recht hatte, eine zu sein.

Mein Vater hat es mir nie verziehen, daß ich in einem anderen

Staat aufs College ging. Er wollte, daß ich die Sven Sisters School in unserer Nähe besuchte und bei ihm und meiner Stiefmutter wohnte. Als ich wegen Depressionen im zweiten Studienjahr das College verließ, triumphierte er; er glaubte, er habe mich zurückgewonnen, ich würde wieder zu ihm und meiner Stiefmutter in die Wohnung am Rittenhouse Square in Philadelphia ziehen, die sie inzwischen bewohnten.

Meine Stiefmutter brachte mich dazu, regelmäßig zu einem Psychiater zu gehen, bis ich mich so weit wieder im Griff hatte, daß ich selbständig leben konnte. Diese zweite Abweichung vom Familienstandard machte meinen Vater so wütend, daß er mich aus der Familie verstieß. Das bedeutete, daß ich ein bescheidenes Erbe von meiner Großtante aufbrauchen mußte, damit ich das College wieder besuchen konnte. Vermutlich hoffte er, ich würde aufgeben und zu Hause bleiben, aber das tat ich nicht. Ich biß die Zähne zusammen und beendete das College. Nach meinem Abschluß, den er in keiner Weise würdigte, fuhr ich nicht einmal mehr zu Besuch nach Hause.

Aber das half mir nichts. Nicht nach Hause zu fahren bedeutete nicht unbedingt, daß ich irgendwie vorwärtskam. Ich bewegte mich im Kreis. Meine Gefühle halfen mir nicht; ich empfand wohlwollendes Mitleid für meine Familie, doch ich litt nach wie vor unter schrecklichen Depressionen.

Nach dem Tod meines Vaters fand ich schließlich eine Psychoanalytikerin, der ich vertraute. Sie besaß Einfühlungsvermögen, aber trotzdem dauerte es eine ganze Weile, bis sich meine Geschichte schließlich herauskristallisierte. Meine Familiensituation war extremer, als ihr anfangs klar war, und geraume Zeit konnte ich ihr nur das sagen, worüber ich mir selbst bewußt war. Meine Gedanken waren geprägt worden von den Direktiven meines Familienlebens. Ich hatte gelernt, daß Klagen sich nicht gehören, weil Klagen bedeuten, daß man egoistisch ist. Außerdem lautet eine der Vorgaben innerhalb unserer Kultur, man müsse sich irgendwie mit seinen Eltern zusammenraufen. Also versuchte ich, Haltung zu bewahren, was meine Familie anbelangte; schließlich hatte ich mittlerweile eine nach außen hin recht akzeptable Entwicklung gemacht.

Doch dank meiner Beharrlichkeit und der vorsichtigen Versuche meiner Analytikerin machten wir doch Fortschritte. Über einige Dinge war ich mir von Anfang an im klaren. So meinte meine Analytikerin beispielsweise einmal, ich hätte mehr Aufmerksamkeit von meiner Mutter bekommen können, wenn ich mich nur stärker bemüht hätte. Diese Bemerkung verursachte mir einiges Kopfzerbrechen, aber schließlich war ich in der Lage zu sagen, daß meine Mutter einfach nicht mehr Aufmerksamkeit zu vergeben hatte und daß ich das bereits früh gemerkt hatte. Was für einen Sinn hätte es schon gehabt, einer Chimäre nachzurennen?

Bezüglich vieler anderer Dinge war ich mir weit unsicherer. Obwohl mein Vater mittlerweile gestorben war, suchte ich noch immer nach Entschuldigungen für ihn. Ich glaubte fest daran, daß ich ihn geliebt hätte, wie ich auch meine Mutter geliebt hatte, und daß beide wiederum mich geliebt hätten. Meine Brüder liebte ich noch immer, und ich kämpfte um ihre Anerkennung. Ich meinte, sie alle so gut zu kennen, daß sich für mich die Frage des Verzeihens überhaupt nicht stellte. Meiner Meinung nach mußten wir alle eine Grundsympathie füreinander empfinden, denn schließlich hatten wir ja alle das gleiche durchgemacht.

Schließlich lernte ich, und zwar ziemlich schmerzvoll, daß ich all die Liebe, das Verständnis, die Bedürfnisse und die Ängste in ein Vakuum in meinem Kopf gepackt hätte und daß meine Erinnerungen und Gefühle in einem ebenso dichten Vakuum darunter lägen. Natürlich kann man Gefühle nie so ganz verbergen, es sei denn vor sich selbst. Der Zorn bahnte sich immer wieder seinen Weg, entweder in Form einer allgemeinen Feindseligkeit, die in meiner Familie immer herrschte, oder in Form von Wutausbrüchen, die mich manchmal überkamen, wenn ich allein in meiner Wohnung war. Normalerweise reagierte ich meine Aggressionen an Gegenständen ab – das Telefon bekam etliche Schrammen, und auch die Deckel meiner Pfannen haben noch so manche Delle von Schlägen mit dem Hammer. Als ich in einer Eisenbahnerwohnung lebte, stand ich manchmal in der Tür zum Schlafzimmer und schleuderte Eier und auch einmal einen Teller quer durch die Küche und ins Bad, wo beides gegen die Wand über der Wanne knallte. Doch wenn die Frustrationen unerträglich wurden, ließ ich von den Gegenständen ab und wandte mich meinem eigenen Kopf zu, schlug mit der flachen Hand oder mit der Faust dagegen oder knallte ihn gegen die Wand.

Zum Glück gelang es mir, aus diesem Vakuum auszubrechen, bevor mein Kopf ernsthaften Schaden erlitt. Es warteten andere Bereiche, zum Beispiel das Leben, das ich mit meiner Mutter geführt hatte, bevor sie Selbstmord beging. Damals dachte ich auch das erste Mal daran, dieses Buch zu schreiben. Doch ich brauchte mehr als zwölf Jahre, um mich von den Erinnerungen und von mir selbst zu erholen, um es schließlich zu Ende zu bringen.

Mittlerweile bin ich älter, als meine Mutter es zum Zeitpunkt ihres Selbstmordes war; vielleicht bedeutet das, daß ich ihrem Schicksal entrinne. Meiner Psychoanalytikerin ist es gelungen, mich am Leben zu halten, auch wenn ich keinen Sinn mehr darin sah. Der Selbstmord ist etwas Verführerisches; sobald man ihn als ernsthafte Alternative ins Auge faßt, spielt man immer wieder mit dem Gedanken. Er ist ständig da, dieser Gedanke – die letzte Form der Selbstverletzung, die letzte Form der Rache. Jahrelang dachte ich jedesmal, wenn mir in den Sinn kam, daß ich alles verpatzt hätte, ich müsse Selbstmord verüben; etwas anderes schien ich nicht mit mir anfangen zu können. Noch immer überkommt mich manchmal dieser Gedanke, aber mittlerweile passiert das nicht mehr so häufig.

Das »Ich«, das sich selbst umbringen möchte, ist nicht ganz identisch mit dem »Ich«, das dieses Buch schreibt. Ich stelle mir mein Selbstmörder-Ich als den Nachkommen eines Großinquisitors vor, als Absolutisten, der unerfüllbare Maßstäbe der Perfektion anlegt. Er (manchmal stelle ich mir dieses Ich als »er« vor, denn meiner Erfahrung nach mag eine Frau ein Kind vielleicht verurteilen, aber das letzte Urteil über diese Frau liegt immer beim Mann) ist distanziert, ein kritischer Beobachter, dem nichts entgeht. Er mag ganz harmlos wirken, lehnt an einer Wand, die Arme verschränkt, ein skeptisches Lächeln auf den Lippen, eine Augenbraue hochgezogen, immer bereit, alles, was ich tue, mit einer kritischen Bemerkung zu kommentieren. Wenn dann der richtige Moment kommt, reagiert er kalt und unerbittlich. Er ist ein Gefangener, der mit seinen Peinigern kollaboriert. Wie alle Diener ist er unnachgiebiger als seine Herren; sein narzißtischer Zorn wird bereits durch den geringsten Verstoß gegen die Regeln erregt.

Ich sehe dieses Selbstmörder-Ich auch als mißhandeltes Kind, das zu einem tyrannischen Erwachsenen geworden ist, zu einem Monster, das sich die perfekte Harmonie mit seinen eigenen Phantasien und Wünschen ersehnt. Es ist das letzte einer langen Reihe von emotional verkümmerten Kindern, die immer wieder den Tyrannen ähnlich werden, die sie erziehen und mißhandeln. Jede Generation hält ihre Formen der Mißhandlung lediglich für normale Kindererziehung, genauso, wie es auch bei mir und meiner Mutter der Fall war. Das Ich, das ich umbringen würde, ist natürlich der Sündenbock, das Opfer, der ewige Versager, den alle, sogar ich selbst, aufgegeben haben. Das mißhandelte Kind, das noch nicht zum Täter geworden ist, ist mir sehr viel ähnlicher als das Selbstmörder-Ich, aber wenn es etwas angestellt hat, muß ich mich von ihm distanzieren. So kann die gekränkte Reinheit die Schlacke wegbrennen, kann die calvinistische Seele sich läutern. Wir mußten die Stadt verbrennen, um sie zu erretten.

Kurz ausgedrückt: Ich akzeptierte beide Formen des Ich für mich, die meine Familie mir anbot. Mein Leben lang existieren diese beiden Formen des Ich nun schon nebeneinander und bedingen einander: Der Täter definiert den Sündenbock, und der Sündenbock rechtfertigt das Dasein des Täters. Wäre kein Wunder geschehen, hätte der Täter den Sündenbock schon längst zugrunde gerichtet.

Ich habe großes Glück gehabt, denn mir war dieses Wunder vergönnt. Meine Psychoanalytikerin hat die Geduld besessen, mir mehr Jahre zuzuhören, als viele Menschen wohl für möglich und notwendig erachten würden. Sie hat die Weisheit gehabt, mir die Wahrheit meines Lebens auf eine Art zu enthüllen, die mich nicht völlig aus der Bahn geworfen hat. Sie hat mich nicht nur daran gehindert, mich umzubringen, sie hat mir auch positive Möglichkeiten des Lebens aufgezeigt, die mehr umfassen, als sich nur dem Tod zu widersetzen. Dabei ist sie der Mutter sehr ähnlich geworden, die ich nie gehabt habe. Es ist schon lange her, daß ich meinen Kopf gegen die Wand geschlagen habe.

Doch meine tote Mutter macht mir immer noch angst. Ich glaube, daß sie in einen unauflöslichen Widerspruch zwischen Selbstmörder und Opfer verstrickt war und deshalb auch nur sehr selten ihr eigentliches Ich erkannte. Deswegen ist es auch so schwierig, sie zu beschreiben, denn die meiste Zeit war sie einfach nicht da. Ich weiß nicht einmal, wer sie vielleicht hätte sein können. Ich weiß nur, daß sie vermutlich Freude gehabt hätte an ihrem Kunsthandwerk, am Töpfern und Herstellen von Drucken oder am Brotbacken und Gärtnern. Wenn sie sich dieser Freude tatsächlich hingegeben hätte, wäre sie möglicherweise auch weniger angsteinflößend gewesen. Sie wäre fähig gewesen, mit ihrem eigenen Ich zu leben und vielleicht sogar, mich zu lieben. Und sie könnte heute noch am Leben sein – schließlich wurde ihre Mutter dreiundneunzig Jahre alt.

Statt dessen war sie eingesperrt im Gefängnis ihrer Seele. Und dort mußte sie als Täter ihre Mitgefangene, ihr anderes Ich, eliminieren.

Ich vermute, daß das, was kurz vor ihrem Selbstmord in ihrem Kopf passierte, sehr große Ähnlichkeit hatte mit den Kämpfen, die sie mit mir in Fort Wayne ausfocht, als ich noch sehr klein war und sie ständig durch meine Bedürfnisse in Wut versetzte. Diese Wut war damals im gleichen Maße gegen sie selbst wie gegen mich gerichtet, weil sie mich als Teil von sich betrachtete. Es war ganz so, als breche ihre mühsam gewonnene Eigenständigkeit angesichts meiner kindlichen Bedürfnisse zusammen und ließe sie sich von ihrem eigenen kindlichen Ich überwältigen. Alle Grenzen des Körpers und des Geistes überschreitend, wurde sie ich, und ich wurde sie. Sie versuchte, mich perfekt zu machen, weil sie es nicht ertrug, daß ein Teil von ihr nicht perfekt war.

Auf ihre Wut reagierte ich zwiespältig. Um zu überleben, wählte ich einen Weg, auf dem sich, zumindest im bewußten Leben, das gute und das böse Selbst nie begegneten. Als meine Mutter das erste Mal diesen Pfad beschritt, wer hatte sie da gebrochen? Ihre Mutter etwa, die zarte, sanfte Frau, die ich kannte? Irgend jemand mußte sie auf diesen Weg geführt haben. Und trotzdem wuchs sie zu einer jungen Frau heran und heiratete und wurde von ihren Mitmenschen für eine ganz normale Frau gehalten, die sich für ihr Leben entschieden hatte, wie jede andere Frau auch.

Wie sollen wir wissen, was wir selbst wählen und was andere für uns gewählt haben? Und warum müssen wir, wenn so viele andere Dinge möglich sind, ausgerechnet mit den Alternativen leben, die uns bereits so früh im Leben aufgedrängt werden, daß sie später nicht mehr zu uns passen?

Wenn ich mir meine Mutter im Zusammenhang mit meinem Vater vorstelle, ist er immer der Mörder und sie immer das Opfer. Vielleicht tue ich ihm damit unrecht, aber ich werde den Gedanken einfach nicht los, daß er als Mann ein Anspruchsdenken hatte, das meine Mutter nie haben konnte. Vermutlich hatte auch er als Kind seine Grenzen erfahren müssen, aber dafür entschädigte ihn die Welt später in vielerlei Hinsicht. Die Vorbehalte seiner eigenen Mutter gegenüber – die, wie in allen patriarchalischen Gesellschaften, mächtig und fordernd war und ihren ältesten Sohn als Kronprinzen betrachtete – spielte er sein Leben lang in Beziehungen zu Frauen immer wieder durch. Er war ehrgeizig und konnte sich seiner Frau sicher sein, die ihm dabei half, seine Ziele zu erreichen.

Man erwartete von ihm, daß er hohe Anforderungen an diese Frau stellte, und das tat er auch. Er konnte der Tyrannei eines monströsen Kleinkindes, das immer in den Arm genommen werden wollte, stattgeben oder auch nicht. Man erwartete nicht von ihm, daß er sich um die Bedürfnisse seiner Frau kümmerte; sie gehörte sozusagen zum Inventar.

Was mich zum Thema Rache führt. Auf der einen Ebene war diese Rache sehr unmittelbar: Meine Mutter zog meinen Vater zusammen mit sich herunter. Wenn sie das Gefühl hatte, er fordere von ihr, daß sie ihr Lebensziel genau dann opfere, wenn sie es endlich erreicht hatte – oder noch schlimmer: daß er gar nicht merkte, was ihr das Haus in St. Davids bedeutete –, war sie sich der Mechanismen im gesellschaftlichen und Geschäftsleben doch bewußt genug, um zu wissen, daß ihr Selbstmord ihm die Karriere verderben würde. Wenn er ihr all die Jahre der Aufopferung zunichte machte, dann zerstörte sie auch seine jahrelangen beruflichen Bemühungen.

Und ein weiteres, weit primitiveres Motiv, das ich selbst sehr gut kenne, trieb sie wohl zum Selbstmord: Die Tatsache, daß man es der Welt beweisen will, daß man sagt: »Seht ihr, ich habe es also doch ernst gemeint!« Man möchte der Welt zeigen, daß man wichtig war, daß sie sich Gedanken machen muß, auch wenn man nicht mehr lebt.

Das ist der Aufschrei eines unbefriedigten und unerfüllten Lebens. Die meisten Leute halten dies für kindisch, und vermutlich stimmt das auch; dieser Aufschrei hat mit der Sündenbockphantasie zu tun, genau wie der Selbstmord selbst. Der Selbstmord ist nie ausschließlich die Tat eines einzelnen, Sündenbock und Täter arbeiten zusammen – der Selbstmord ist das Ergebnis eines Dialoges zwischen Opfer und Täter.

Ich bin außerdem der Meinung, daß meine Mutter auch einen Teil meines Vaters umbrachte, als sie Selbstmord beging, weil sie ihr Selbstmörder-Ich so eng mit ihm in Verbindung brachte und er selbst sich nahtlos in diese Identifikation einfügte. Damit, daß er so bald schon wieder heiraten und den Rest seines Lebens damit verbringen würde, so zu tun, als sei nichts geschehen, und zwar auf meine Kosten, hatte sie wohl nicht rechnen können. Ich glaube auch nicht, daß sie an mir Rache nehmen wollte.

Aber letztendlich tat sie das doch, weil sie die Karriere meines Vaters zu einem jähen Abschluß brachte. Hinter seinem Leben mit seiner zweiten Frau, hinter den Ruinen seiner Karriere, herrschte er nach wie vor in seinem eigenen kleinen Königreich, zusammen mit seiner Ersatzgöttin, mir, als seinem Schrein. Nachdem ich zu Hause ausgezogen war, verbrachte er die letzten Jahre seines Lebens zusammen mit meine Stiefmutter in der Wohnung. 1966 starb er, kurz nach seinem dreiundsechzigsten Geburtstag, an einem Aneurysma. Sogar meine Brüder und meine Schwägerinnen, so habe ich gehört, waren darüber erleichtert.

Seit dem College ist mein Leben gleichzeitig weitergegangen und stagniert. Ich habe Beziehungen durchlebt und die unterschiedlichsten Jobs erledigt, ich habe Bücher und Artikel geschrieben. Auch in der Kunst habe ich mir eine kleine Nische erkämpft: In der glücklichen Zeit der sechziger Jahre, als wir noch meinten, die Welt verändern zu können, trat ich in einem avantgardistischen Tanztheater auf, und damals, als es noch eine lebendige Lyrikszene in der Stadt gab, schrieb ich Gedichte und trug sie in Lokalen vor. Ich habe mittlerweile vier Bücher, viele Artikel, ein paar Gedichte und einige Kurzgeschichten veröffentlicht. Außerdem arbeitete ich als Herausgeberin auf dem Bücher- und Zeitschriftenmarkt.

Die ganze Zeit habe ich mich für Dinge eingesetzt, zum Teil deshalb, weil ich wirklich an sie glaubte, und zum Teil auch deshalb, weil ich eine ganze Menge Energie und das starke Bedürfnis nach Engagement besitze. In Boston habe ich gegen die Segregation in den Schulen demonstriert, und ich bin in Washington gewesen, um Martin Luther King zuzuhören, der von seinem Traum sprach. Während des Vietnamkrieges machte ich Straßentheater gegen den Krieg, half bei der Angry-Arts-Bewegung mit und demonstrierte noch einige Male in Washington.

In der berauschenden Zeit des Feminismus half ich bei der Organisation eines Sit-ins im *Ladies' Home Journal,* was zur Folge hatte, daß wir ein eigenes Magazin veröffentlichten, in dem wir unsere Ideen darstellen konnten. Ich schrieb einen Artikel für dieses Magazin und organisierte zusammen mit einigen anderen Frauen die Zusammenkunft, in der beschlossen wurde, welche feministischen Gruppen das Geld bekommen sollten, das wir durch den Verkauf des Magazins einnahmen. In New York traf ich mich mit einer Gruppe radikaler Feministinnen und gründete neue Gruppen, marschierte die Fifth Avenue in einer euphorischen feministischen Parade entlang, spielte hier und da Streikposten und besetzte auch die eine oder andere Bar.

Als Junglektorin, die sich langweilte, weil man im Verlag noch immer der Meinung war, daß Frauen sich keinen Namen zu machen brauchten, übernahm ich den Vorsitz im Beriebsrat, bis ich entlassen wurde, weil ich begann, die Lehrbuchabteilung neu zu organisieren. Jahre später gründete ich zusammen mit anderen eine nationale Schriftstellerorganisation und baute sie etwa eineinhalb Jahre lang auf, bis eine oppositionelle Gruppierung all das, was wir bis dahin geschafft hatten, wieder zunichte machte und alles von Grund auf neu gestaltete.

Diese Erfahrungen förderten mein politisches Bewußtsein. Aber ich verwendete nicht genügend Energie darauf, die Dinge, die ich für mich selbst schrieb, so an die Öffentlichkeit zu bringen, daß ich mir damit eine berufliche Identität hätte aufbauen können. Im wesentlichen Augenblick zog ich mich immer zurück an einen Ort, wo mein Geheimnis sicher verstaut bleiben konnte. In Beziehungen tat ich das gleiche; ich heiratete nicht und bekam auch keine Kinder.

Wohin verschwand ich? Ins Nichts, genau wie meine Mutter. Überwältigt von der Angst, suchte ich Zuflucht in der Perfektion: perfekte Schönheit oder perfekte Kontemplation oder perfekte Distanz oder perfektes Verhalten. Vielleicht erwartete ich, dort auch meine Mutter zu treffen. Wie sie konnte ich mich dem Versagen oder einem Mangel an Perfektion nicht stellen. Außerdem hatte ich Angst vor dem Schaden, den ich möglicherweise anrichten würde, wenn ich Erfolg hätte, und vor der Strafe, die meiner Meinung nach unweigerlich folgen würde. Mein Rückzug war so etwas wie ein halber oder ein symbolischer Selbstmord, ein Verzicht auf mein eigenes Ich und auf die Möglichkeiten der Realität.

Meine Psychoanalytikerin sagt mir immer wieder, ich habe ein Recht auf ein eigenes Leben, aber ich glaube nach wie vor, daß jegliche Selbstbehauptung meinerseits zu einer Verneinung der Existenz meiner Mutter führe. Der Zorn ist ein mörderisches Gefühl; zu sagen, daß ich zornig bin auf meine Mutter, bedeutet fast soviel, als wolle ich sagen, ich wünsche ihr den Tod. Das tat ich zwar, und nicht selten, aber ich rechnete nie damit, daß dieser Wunsch akzeptiert würde.

Zorn ist die reine Reaktion; Einsicht setzt Distanz und hart erkämpftes Wissen voraus. Das heißt nicht, daß es keinen Zorn mehr geben darf, auch wenn wir das vielleicht gerne hätten. Er dient dazu, die unmittelbaren Gefühlsregungen zu mildern, aber irgendwie muß auch das Kleinkind noch zu seinem Recht kommen. Unsere Familie hat in dieser Hinsicht nie sonderlich viel Geschick besessen. Zum Beispiel fiel mir auf, daß mein Onkel nie direkt sagen konnte, er wolle etwas tun. Er mußte immer meine Tante oder einen Besucher, beispielsweise mich selbst, dazu bringen, daß dieser Besucher einen Wunsch äußerte, damit er diesen Wunsch erfüllen konnte. Er glaubte ferner, daß er sich immer nach der Frau richten müsse, kein Recht auf irgendwelche eigenen Bedürfnisse habe, während die Frauen in der Familie immer das Gefühl hatten, sie müßten sich den Männern unterwerfen. Solche Verhaltensweisen führen zu Ressentiments und zu ständigen Manipulationen.

Wenn man einen der Männer aus der Familie fragen würde, warum er einen Wunsch nicht direkt äußern könne und er nicht in der Lage wäre, die Wahrheit zu sagen, würde er vielleicht antworten, daß er Angst habe, abgewiesen zu werden. Oder noch schlimmer: daß er Angst habe, jemand könne sich über ihn lustig machen.

Folglich habe er gelernt, seine eigenen Wünsche als Zeichen von Schwäche zu verdrängen, und damit auch den Zorn, der dahinter brodelt. Da ich in derselben Tradition erzogen wurde – andere machten sich ständig über mich lustig –, habe ich die gleiche Angst vor Zurückweisung und auch den Zorn. Aber der Selbstmord meiner Mutter führte mir ganz deutlich vor Augen, wie präsent diese Urgewalt des Zorns ist. Meine Wut und meine Bedürfnisse sind in meinem Kopf so eng miteinander verknüpft, daß meine Ängste vor beidem gleich groß sind.

Obwohl ich nach wie vor den Fluch meiner Mutter, ihre Ängste und die Droge dagegen, den Perfektionismus, in mir trage, tritt der Täter in meinem Kopf immer mehr in den Hintergrund. Manchmal habe ich das Gefühl, daß er bereits sehr klein geworden ist und ziemlich machtlos.

Auch wenn ich mich immer wieder zurückgezogen und meinen Ängsten nachgegeben habe, so habe ich doch auch immer wieder einen neuen Versuch gewagt, zu dem Punkt einer endgültigen Aussage, einer positiven Bestätigung meines Lebens zu kommen.

Und diese Aussage habe ich jetzt gemacht. Es ist an der Zeit, daß ich mir selbst vergebe.

Meine Brüder und ich halten Katzen, weil unsere Mutter sie mochte und wir mit Katzen aufgewachsen sind. Die Katzen zu streicheln gibt uns das Gefühl, daß körperliche Zuneigung auch für uns im Bereich des Möglichen liegt. Diejenigen von uns, die Kinder haben, haben diese Kinder nicht sehr oft liebkost, als sie noch klein waren, genauso wenig, wie unsere Mutter uns liebkost hat. Durch die Katzen bekommen wir die Zuneigung auf indirektem Wege, wie es damals auch bei unserer Mutter gewesen war.

Als Kind war ich immer von dem Wunsch beseelt, daß alle Menschen und Dinge die gleiche Zuwendung und Zeit bekommen sollten. Am Abend reihte ich meine Puppen und Stofftiere so auf, daß alle irgendwann Körperkontakt zu mir hatten. Auf jeder Seite meines Körpers war Platz für eines; die anderen lagen in einer Reihe auf dem Boden. Jeden Abend setzte ich die Tiere oder Puppen, die am Vorabend am weitesten von mir entfernt gewesen waren, aufs Bett. In jener und auch noch in der folgenden Nacht würden sie dann die Freude genießen, direkt an meinem Körper zu schlafen, zuerst an der der Wand zugewandten Seite, dann auf der anderen. Danach begannen diese Tiere oder Puppen wieder ihre langsame Reise in die Ferne und starrten mich vom Boden herauf an, ohne mich zu sehen. Ich konnte meinerseits beschließen, mich herabzubeugen, um sie anzusehen, aber manchmal tat ich das ganz bewußt nicht. Es gefiel mir, distanziert sein zu können.

Wenn ich an meine Mutter denke, ist sie immer allein, auch dann, wenn ich bei ihr bin. Sie hat mir den Rücken zugewandt oder zumindest den Kopf weggedreht. Manchmal wünsche ich mir immer noch, in ihre Welt eindringen und sie zwingen zu können, daß sie mich wahrnimmt, denn vielleicht würde sie es sich dann anders überlegen.